社会工作抗疫丛书

要发挥社会工作的专业优势，

支持广大社工、义工和志愿者开展

心理疏导、情绪支持、保障支持等服务。

习近平

2020年2月23日

社会工作抗疫丛书

献给

在那段不平凡的日子里

发挥专业优势、参与疫情防控的广大社会工作者

国家出版基金项目
NATIONAL PUBLICATION FOUNDATION

丛 书 组 编　中国社会工作教育协会
丛 书 主 编　马凤芝
丛书执行主编　沈　黎

社会工作抗疫丛书

抗疫“4+1”线上异地救援社会工作模式

郁之虹　编著

華東理工大學出版社
EAST CHINA UNIVERSITY OF SCIENCE AND TECHNOLOGY PRESS
·上海·

图书在版编目(CIP)数据

抗疫"4+1"线上异地救援社会工作模式/郁之虹编著.—上海：华东理工大学出版社，2023.12
（社会工作抗疫丛书/马凤芝主编）
ISBN 978-7-5628-7125-5

Ⅰ.①抗… Ⅱ.①郁… Ⅲ.①互联网络-应用-新型冠状病毒-病毒病-疫情管理-社会工作-工作模式-研究-中国 Ⅳ.①R512.93

中国国家版本馆 CIP 数据核字(2024)第 007611 号

策划编辑 / 刘　军
责任编辑 / 章斯纯
责任校对 / 王雪飞
装帧设计 / 徐　蓉
出版发行 / 华东理工大学出版社有限公司
地址：上海市梅陇路 130 号，200237
电话：021-64250306
网址：www.ecustpress.cn
邮箱：zongbianban@ecustpress.cn
印　　刷 / 上海雅昌艺术印刷有限公司
开　　本 / 890 mm×1240 mm　1/32
印　　张 / 4
字　　数 / 93 千字
版　　次 / 2023 年 12 月第 1 版
印　　次 / 2023 年 12 月第 1 次
定　　价 / 30.00 元

内容提要

本书通过对疫情期间线上志愿者服务团队的实务模式的概念、构架、跨情境的运用以及模式内跨专业协作的讲述，为读者呈现了社会工作者、心理咨询师、医务工作者等抗击疫情的线上力量是如何参与一线疫情防控工作，为患者提供物资供给、远程心理咨询和医疗咨询等帮助的。同时，通过对有关案例的阐述与工作流程的梳理，为读者提供了整套的方案和操作流程。

社会工作抗疫丛书

主编序言

2020年年初，突如其来的新冠疫情横扫中华大地。此次疫情百年未遇，波及范围广泛。在疫情突发、全国人民齐心协力抗击疫情的日子里，中国社会工作教育协会和全国社会工作专业院校的师生经历了个人生活与专业实践整合、个人生活与国家社会命运联结的一段特殊又非凡的岁月。总结那些日子社会工作参与疫情防控工作的实践经验，对发挥社会工作在应对突发疫情时和疫情防控工作中的角色功能，完善突发社会公共卫生事件应急治理体系，以及提升国家治理能力具有重要意义。

一、坚守社会主义核心价值观和社会工作伦理，迅速行动，主动作为担当

新冠疫情发生伊始，中国社会工作教育协会在第一时间就发出了倡议，号召社会工作专业参与疫情防控，号召会员单位、社会工作专业师生积极行动，发挥社会工作专业的独特作用，根据自身情况，以各种方式参与到疫情防控工作中。同时，中国社会工作教育协会提出了组织高校社会工作专业师生参与疫情防控工作的原则，并做了具体的工作部署。

第一，社会工作专业要积极行动，承担专业责任。有关高校要积极响应习近平总书记和党中央的号召，发挥社会工作专业的独特功能，在积极参与国家重大事件中彰显专业能力，承

担专业社会责任。

第二，明确提出在党和政府统一领导下工作的原则。社会工作专业参与疫情防控工作，要主动寻求党和政府指导，在党和政府统一指挥下，积极建言献策，提供社会工作专业服务。

第三，提出了社会工作服务的模式和初步设想。社会工作专业师生参与疫情防控工作，要在地方民政部门和卫健委协调下，建立社会工作联合服务组织和网络平台，统一发布信息，统一调配资源和人手。

第四，提出了社会工作参与疫情防控工作的重点领域和服务内容。在疫情防控中，社会工作专业重点服务社区和医疗场所两个场域。社会工作专业部门要积极联合民政部门和卫健委，在当地民政部门和卫健委的部署领导下，为医护人员及其家属提供减压服务，为病患及其家属提供心理和情绪疏导服务，为社区工作者提供培训和支持服务，宣传社区疫病预防知识，关注社区弱势群体需要并提供相应服务。此外，社会工作专业部门要在志愿者服务培训方面开展专业服务。

为组织协调疫情防控工作，中国教育协会成立了中国社会工作教育协会社会工作参与疫情防控工作小组，副会长和副秘书长分工负责各片区相关工作，组织和协调全国高校社会工作专业师生、会员单位参与疫情防控工作。在中国教育协会的号召和组织下，各高校社会工作专业师生和会员单位积极行动，发挥社会工作专业的独特作用，以各种方式参与了抗击疫情工作。

二、 用专业知识服务疫情防控工作

在疫情防控工作的第一阶段，在社会工作机构和社会组织行动起来的情况下，迫切需要对疫情防控工作中的社会工作专业服务规范做好指引，以保证社会工作服务品质和对社会需求的有效回应。为打好打赢这场没有硝烟的疫情防控人民战争，中国社会工作教育协会第一时间召集11所高校的社会工作专家学者编写了《社会工作参与新型冠状病毒肺炎疫情防控工作实务指引》（以下简称《指引》），他们在两天时间内完成了编写任务，第三天就在中国社会工作教育协会的“社工抗疫之声”公众号上发布，供全国社会工作机构和基层社区工作者使用。此《指引》不仅对指导会员单位参与疫情防控工作发挥了作用，还指导社会工作师生专业规范地回应社会需要，为灾区群众提供服务，更为社会工作机构和社区工作者参与疫情防控提供了及时的专业服务指引，得到了业内广泛好评。随着疫情的变化及前线的试行使用，我们也不断地对《指引》进行了补充和完善。

在新冠疫情防控的关键时期，习近平总书记要求把人民群众生命安全和身体健康放在第一位，制定周密方案、组织各方力量开展防控，采取切实有效措施，坚决遏制疫情蔓延势头。为了传播社会工作疫情防控的理论和方法、链接资源、沟通消息、对公众进行疫情防控知识宣传教育、预防社会问题的发生，中国社会工作教育协会设立了“社工抗疫之声”微信公众号，以此为阵地，在线上及时发布面向一线社区工作者、专业社会工作机构、社区志愿者、社区居民等群体的社区抗疫防疫的相关知识和信息。从2020年2月初到5月，“社工抗疫之声”微信公众号累计发文200余篇，阅读量达10万余人次。根据疫情防控工作的需要，中国社会工作教育协会的服务水平不断提升，实现了从线下到线上，从社区到家庭和个人，从公众教育到丧亲者的哀伤辅导与家庭复原和社区防疫力抗疫力建设的飞跃。为了给前线社会工作者、社区工作者和志愿者提供支持，中国社会工作教育协会特别设计、组织开设了社会工作参与新冠疫情防控在线课程，通过直播、录播、沙龙、论坛等多种形式，依据抗疫一线工作人员的情况反馈，针对社区抗疫情况不断增设培训课程，为全国社会工作者、社区工作者和志愿者提供服务指引课程、线上服务模式课程、危机干预以及专门的哀伤辅导课程。截至2020年5月，在民政部慈善与社会工作司的指导下，中国社会工作教育协会开播了13个系列的公益性社会工作疫情防控专题课程，课程总时长近120小时，学习者超8万人次，受到社会各界的认可和好评，发挥了社会工作教育为前线社会工作参与疫情防控提供专业支持的作用。

2020年2月23日，习近平总书记出席统筹推进新冠肺炎疫情防控和经济社会发展工作部署会议并发表重要讲话，他特别指示："要发挥社会工作的专业优势，支持广大社会工作者和志愿者开展心理疏导、情绪支持、保障支持等服务。"习近平总书记的话是对全国社会工作者参与疫情防控工作的鼓励和肯定。

三、专业精准评估，科学施策服务

社会工作参与疫情防控工作，有一定的理论支撑，有一套方法技术，其在疫情防控各阶段对个人、家庭、社群的社会需要的回应及其专业服务，涵盖了从宏观社会政策倡导到微观社群服务等方面。

新冠疫情的影响范围是全国性的，波及全国范围内的社区、家庭和个人，对社会经济运行和人民生活产生了严重影响。国内外的历史经验表明，如果一个国家在发生重大社会公共卫生事件时救灾和响应机制不完善，应对出现重大失误，就有可能引发社会动乱，甚至影响到整个国家的稳定。突发疫情对整个社会提出的问题是：疫情防控期间如何组织社会生活？如何预防疫情连带而来的社会问题的出现？为了预防和解决诸多社会问题，社会工作应当为社区、家庭、个人提供什么帮助，以满足疫情防控状态下的特殊需要，保证社区、家庭和个人与社会间良好的社会联结，进而保持社会秩序稳定，使人们保持身心健康？

新冠病毒传播异常迅速，波及范围广泛，造成了巨大的伤痛。疫情暴发初期，社会工作专业教育者所具备的“专业敏感”告诉我们，此时社会工作需要即刻行动，回应因疫情产生的社会需要，这主要基于专业的预见和判断：第一，由于疫情防控需要所采取的各项措施在保护生命的同时，将对社会经济运行和人民生活产生严重影响，因此需要对公众进行疫情防控知识宣传和教育，关注公众的社会心理反应。第二，要关注社会弱势群体的需求满足和因其脆弱性而产生的问题，因为突发的社会公共卫生事件对不同社会成员的影响是不同的。社会弱势群体，在具体的社区封控期间的就医、信息掌握、资源获取、能够获得的社会支持网络的质量和数量，以及与社会的联结形态等方面，与其他社会成员相比大都有所不同，其所拥有的金钱与物质保障也不同。社会工作者要对这些群体及时进行需求评估，并且制定好预防问题发生和解决问题的方案。

突发的疫情和疫情防控工作的特殊性对传统社会工作服务

提出了挑战。全国各地都有不同的服务需求，特殊时期的服务方式与之前的危机干预社会工作有很大不同。为回应需要，除线下服务外，中国社会工作教育协会依托各专业委员会，根据疫情防控工作的进展，先后组织建立起十多支协会统一领导的服务工作队伍，有计划、有针对性地开展疫情防控社会工作服务和研究，形成了线上远程跨区域服务模式、线上下沉社区服务模式、线上远程国际社区服务模式等创新性的服务模式。

疫情防控是全民共同参与的总体战、阻击战，是一项“系统工程”，每个环节都不容忽视。打赢疫情防控战，有两条关键战线：一是医疗战线，即医生治病救人；二是社区战线，即人们居家阻断传染链。因此，医院和社区成了社会工作重点服务的领域，而社区防控工作成效直接影响着疫情防控战的成败。

居家防疫状态下，社区成了一个封闭的小社会，所有的社会生活需求都要在社区中得到满足，各种原本潜在的个人、家庭、邻里间的问题和矛盾同样可能因封闭的环境而集中显现，满足人们需要的资源因疫情防控等特殊条件会捉襟见肘，由此形成社区需求与回应需要满足能力间的聚集性张力。人们在疫情防控这种特定情境中生活，围绕家庭成员患病和治疗所产生的紧张、焦虑，会带来个体的“心理健康”问题，人们会因生活不便而产生不满甚至愤怒情绪。上述所有问题集中呈现，便形成了对社区工作的“挤兑”，稍有不慎就会激化出不可收拾的矛盾，这些也考验着社会和社区的治理能力。此时社会工作者需要即刻行动，回应因疫情而产生的社会需要，服务社区、家庭和个人。第一，服务社区。关注每个人、每个家庭，给社区中弱势群体以关怀，特别是关注弱势群体的需要满足和服务，包括独居老人、留守儿童、残疾人以及低收入家庭等，使他们的生活不因信息和物资匮乏而受困。第二，支持在疫情下负重“逆行”的社区和各部门工作者、志愿者开展服务工作，对这些人进行社区工作方法和技能培训，使之为社区提供有效能的服务，防止因知识不足而导致工作疏漏。

四、从优势视角出发增能社区，以能力建设增强社区团结和社会联结

疫情防控是对社区治理能力的考验，既要有强大的行政工作力量组织起有序的社区生活，又要有精细化的社会工作力量去满足社区居民需求并破解各种难题。专业的社会工作与行政性的社区工作目标一致、工作对象上有交叉点，但不等于行政工作。例如，在突发的疫情面前，社会工作专业以专业知识、价值评估疫情防控可能对社会经济运行和人们正常生活带来的影响，从提供满足社群需要的服务到为预防社会性问题发生而进行的公众宣传教育，从心理辅导、情绪支持到为弱势群体提供物质援助，致力于预防和解决问题，提升个人和社区解决问题的能力。其背后是社会工作以人为本、尊重和重视人的价值基础和专业工作理念。

第一，以人际联结增强个人和社区的心理纽带和联结感，促进个人和社区的心理健康。

社会工作和心理咨询都强调处理疫情防控下可能产生的心理健康问题，都会教授人们通过自我情绪疏导法来缓解各种紧张和焦虑问题，都会从公众宣传教育入手，让每个人掌握与疫情防控有关的知识并获得安全感，以预防和消除恐慌、紧张和

焦虑等不良心理。但社会工作强调人与社会的联结是个人、社群心理社会功能良好发挥的前提条件，认为心理健康问题既是个体的问题，又与其所处的环境有密切关系；社会工作强调和关注社会结构因素、社会环境和社会脉络对人们生活的影响，注重个体与社会关系的状态，强调每个人良好的身心健康离不开良好的社会联结下的人际关系。为此，中国社会工作教育协会疫情防控社会工作的服务方案都强调关注弱势群体，特别是疫情中的独居老人、残疾人、留守儿童和低收入家庭，关注他们与社区的联系情况，重视消除社会排斥，以社区联结和人际纽带为个体和家庭增添力量，促进社区心理健康。在疫情防控中，社会工作注重评估了解社区资源和运用生物—心理—社会方法，并将此方法运用到我们的技能培训中，以支持服务对象、患者和社区。

第二，关注弱势群体需要，实现公平正义。

社会工作注重以人为本，关注疫情中弱势群体的社会处境。在突发疫情和公共卫生事件中，不同的社会阶层、不同的地理位置受疫情影响的状况不同。社会工作关注个体和社群与更广大社会系统的联结，消除不平等，防止在马太效应下脆弱人群的劣势积累。例如，疫情防控下边远贫困地区低收入家庭青少年停课期间是否因没有学习所需的手机或电脑而无法正常学习？在新媒体技术快速发展的背景下，对某些弱势群体不利处境的关注也是十分重要的议题。

第三，建设关怀社区，以社区凝聚力促进社区团结互助，提升社区抗逆力。

社区对个体来说蕴含积极的社会意义。“社区”包含两种情况，一种是指居住在同一地域上的社群，一种是指具有某种共同身份认同的功能社群。这两种社区结合在一起形成了人际关系网络。对于现代人来说，每个人既是所居住地域的一分子，又属于某一社会团体。“社区”具有以下特征：一是社区成员具有“感情联结”；二是“特殊主义”取向，不同于“公事公办”“不讲情面”的“普遍主义”取向；三是集体取向，认同整体利益和由此引发出的集体身份认同，以实现整体利益为出发点的“利他主义”行为和个人对集体的忠诚与投入。由以上特征发展出社区成员间基于“我们”认知上的归属感和认同感，并进一步发展出“社区意识”。社会工作强调社区应该被视为一个网络，包括非正式人际关系网络，在社区中每个人因为血缘联结、共同兴趣、居住地域、友情、工作等关系联结起来。网络内的各部分都发挥功能，以个人或集体的形式去回应他人的困境，帮助面对困境的人士。

疫情防控社会工作在社区中的工作方案和实务的目标是：第一，维持每个人的社区生活和社区联结，使生活在社区里的人们团结起来，具有归属感，建立友谊；第二，强调建立关怀社区，让家庭和社区积极参与疫情防控工作并为社区和邻里提供支援，建立有效的支持系统和网络，增强社区的团结互助，增强社区抗逆力。

第四，以优势视角助力社区能力提升。

社会工作关注每个人的身心健康。身心健康是个人乃至家庭和社区发挥良好社会功能的基础和条件。如前所述，社会工作能够清楚地评估和辨识出在疫情防控处境中可能出现的个体身心健康和社区问题，但社会工作解决问题的理念不同于单纯的心理咨询或心理辅导。社会工作对“心理健康”问题不做个人归因，而是将个人问题放到社会脉络中，认为需求未被满足是问题产生的原因，因而个人问题背后都有结构性的原因；将人们与社会、社区和家庭进行联结，而不是将问题简单归结于个人或者个人心理问题。社会工作并不是一味给予，而是做能力建设、能力提升。社会工作者相信，每个人、每个家庭和每个社区都存在资源，可以用于解决问题，克服困难，使其进步和成长。因此，在疫情防控中，人们需要团结，需要互相扶持，需要相互信任，也需要理解和包容。为社区增能，发掘、激发和调动社区资源，进行社区能力建设，是消除问题的根本之计。以社区为本的疫情防控社会工作强调从治理角度到服务意识的转变。在疫情防控中，如何让生活在同一个社区里的人意识到“我们在一起”的重要性，团结合作，理解包容，从而带给邻居、他人友谊和温暖，需要社会工作者对社区生活有充分的了解，也需要社会工作者更好地认识社区脉络、社会结构、人际联结、人际关系的重要性。

疫情防控社会工作服务方案包含对有需要的个人、家庭、社区及所涉及的各类人群的服务。社会工作者应采取以社区为本的策略，在社区中满足需求，化解矛盾，促进社区能力的提升，为疫情防控筑牢社区这道防线。围绕社区赋能的目标，中国社会工作教育协会组织专家力量，在2020年1月27日筹备完成并陆续实施了下述工作和服务：① 开展“2＋3”线上社区下沉抗疫服务；② 开展“隔离人员”线上社会支持服务；③ 进行医护人员及其家属心理社会支持服务；④ 进行社区工作者心理社会支持服务；⑤ 建立全国高校社会工作专家服务库；⑥ 组织成立社会工作者志愿服务团队；⑦ 建立资源和服务人员需求信息发布平台，以统一调配资源和服务；⑧ 建立与政府部门协调工作的渠道；⑨ 通过线上服务平台，招募资深社会工作者为医护人员提供线上心理疏导解压服务。疫情防控社会工作服务分布在全国各地，形成了多领域的服务模式，包括武汉市江汉区北湖街“2＋3”线上社区下沉抗疫服务项目，黄冈市新冠疫情防控服务项目，黑龙江省“1＋4 政社联动”新冠疫情社区防控社会工作支持项目，陕西省社会工作抗击疫情专业支持服务体系建设项目，天津市河东区抗疫情暖心医护人员支援服务计划项目，北京市社区守护者服务项目，湖北青少年、家庭和亲子服务项目，湖北地区养老院服务项目。

中国地域辽阔，人口众多，自然灾害频仍，疫情和突发公共卫生危机也考验着各级政府的社会治理能力。认真总结疫情防控中社会工作的实践经验，将社会工作纳入社会风险防控体系和常态工作中，是实现国家治理体系和治理能力现代化的重要举措。“社会工作抗疫丛书”既是中国社会工作教育工作者在疫情防控工作中的记录，又是对社会工作参与疫情防控工作的实践经验总结的成果，更是社会工作教育者知识传播、教育和知识生产角色与责任的体现。

社会是一个系统，其中的各部分相互影响。社会工作的专业功能在于帮助个人、群体和社区解决因一时或某种社会结构性障碍导致的社会功能失调，以及由此产生的困难和问题，通过专业方法进行公众教育，进而预防问题的发生，同时增强个人、群体和社区的抗逆力。从本质上说，社会工作是社会福利制度的操作化表达，社会福利制度的功能和作用通过社会工作的服务传递出去，以实现社会福利的制度目标。社会工作参与疫情防控工作，就是发挥社会工作作为社会福利制度传递系统的功能，对突发疫情中发生的公共危机和弱势群体的处境进行危机干预，发挥其社会稳定机制的作用。

谨以此文纪念那段不平凡的日子，为社会工作参与、完善疫情防控和突发公共卫生危机应急响应体系、提升危机防控和治理能力提供经验借鉴。

是为丛书序。

中国社会工作教育协会副会长兼秘书长
北京大学社会学系教授
马凤芝

2023年8月9日

前　言

2020年年初，一场席卷全球的疫情拉开了序幕。茫然、惶恐、焦虑的情绪在网络上蔓延，我不免被裹挟其中。但社工人的职业本能让我在惊慌失措之余开始思考自己究竟能做些什么。在中国社会工作教育协会的指导下我们成立了“社工共振”团队参与疫情防控实践。时任中国社会工作教育协会副会长马凤芝教授在得知我们的努力和需求时不仅立刻调配了近一百名黑龙江的社工志愿者在线上支持我，还指导我成立“战疫情行动小组”，并在团队的行动过程中提供了大量的帮助。可以说，离开马老师的坚定支持，我原本的设想是难以实现的。

我们的模式最开始是“2＋3”线上社区下沉抗疫模式，志愿团队由两类社会服务提供者（社区工作者、社会工作者）和三类志愿者（医务志愿者、心理志愿者和群助理志愿者）组合构成。为了找到三类志愿者，我在确定了社工志愿团队人员后，通过时任武汉大学社会学院副书记的赵金利老师介绍，在武汉大学临床医学院招募来了一批硕士生和博士生作为医务志愿者。之后，又通过微信里的“亚洲家庭治疗专业交流群”辗转在全国范围内招募来一批心理咨询师作为心理志愿者。同时，在网络上，我从全国各高校招募来一批学生担任群助理。是以，新生的“‘4＋1’线上异地救援模式”里的“4”类志愿者，即“社工＋医务＋心理＋助理”团队构架得以成形，“战疫情行动小组”正式成立。为了便于辨识，形成团队向心力，更为了突出“陪伴前行”的服务主旨，我为其取名为“社工伴行”志愿团队①。

2020年1月底，大量人员感染，社区工作者人数锐减，社区告急。通过江岸区青少年空间的陈宇老师介绍，一名街道负责人找到了我，希望“社工伴行”志愿团队能从线上入驻社区。2月1日，分别针对疑似患者、社区独居老人、社区儿童和一般居民的“居家陪护群”“长者陪护群”“亲子群”“科普群”同时成立。每个群都安排了三组经过培训的“社工＋医务＋心理＋助理”志愿者，每组每天线上值班四小时，三组志愿者共计十二人分班轮值，保证从早上8点到晚上8点，群内都有志愿者值守。一切安排妥当后，社区工作人员将群二维码投放到社区网格群中，让居民根据自己的情况和需要扫描入群。

开群后，以居家隔离的疑似患者为目标人群的“居家陪护群”内求助声不断。求床位、求核酸、求看诊……尽管多数需求，我们作为云上的异地志愿者，很难满足，但第一时间的回应、及时更新的防疫信息、细致的医疗建议、随时在线的情感危机支持，以及多渠道的资源获取，在很大程度上缓解了群内求助者的恐惧与焦虑，这让自觉在绝境中的他们感到了一线希望和温暖。这些经历让我看到，危机来临时，只要助人者一路陪伴，不断回应，积极寻求解决方案，即便最终无法满足求助者最初的愿望，但陪伴的温暖，不放弃的态度，在最大程度上

① “社工伴行”志愿团队曾短暂用名“社工共振”，媒体上曾误以为“社工共振”与“社工伴行”是两个不同的志愿团队，实则是误解。

减少了灾难中求助者个人的被遗弃感。这就好比在黑暗中摸索前行的人，即便看不到出口，但听到身边有人声在陪伴自己，就会感到心安一样。这种干预逻辑，我称之为“回应大于满足”原则，并一直将其视为“社工伴行”团队志愿服务的核心准则。在失亲的急性期，如果社工能够及时评估并持续回应失亲者的核心诉求，即便无法满足对方最开始提出的要求，但依然能快速与对方建立积极的关系，降低对方的被遗弃感，同时如果能陪伴对方找到自己的生命意义，便能在很大程度上帮助对方减少创伤性丧失带来的后遗症。这也是“回应大于满足”原则在创伤性哀伤服务中的价值。

除了危机处理和日常工作外，郭丽萍带领的武昌方舱志愿者贴心地将舱友常问的各种问题整理成为住院指南，发到舱友群，指导新入舱的舱友快速适应环境。这些经验成为湖北省社会工作联合会发布的《“方舱医院”社会工作志愿服务指引》的蓝本。

从 2020 年 2 月 1 日，“社工伴行”志愿服务团队正式成立，到同年 5 月 30 日，团队的留守志愿服务结束，我们“社工伴行”的志愿服务持续了整整四个月，这在工作量巨大的危机干预志愿服务中较为罕见。尽管一路走来，经历了诸多挑战和困难，付出了多人的心血与汗水，但我们摸索出来了一套适合中国本土国情的线上跨专业危机干预志愿服务模式，希望能为日后灾难中的危机干预志愿服务提供参考。

郁之虹

2023 年 3 月 14 日

目录

第一章　“4+1”线上异地救援模式概述

郁之虹

在中国社会工作教育协会的领导下，“社工伴行”（Good Companions Response Team，GCRT）专业志愿服务团队于2020年1月底创立。“社工伴行”原名“社工共振”，是在抗击新冠疫情的背景下，由社工、心理咨询师、医生和服务助理形成的专业志愿者团体。2月1日，“社工伴行”正式入驻武汉市江汉区北湖街开展线上服务。

随着工作要求的不断变化，武汉市出台了“四类人员”分类集中收治隔离的措施，即密切接触人群和疑似个案去集中隔离点，轻症患者去方舱医院，重症患者去指定医院。为配合这一政策的出台，“社工伴行”团队于2月4日线上入驻江汉区某集中隔离点，进行线上疏导、安抚、医务咨询以及危机介入等服务。随后，团队又分别于2月8日、2月13日线上入驻洪山体育馆武昌方舱医院与东西湖客厅方舱医院，进行在地志愿者组织、云端管理、情绪安抚、个案跟进、医疗咨询以及危机介入等服务。3月4日，团队为在韩华人留学生及多元文化家庭提供线上的支持与服务。3月20日，团队开始为在德留学生和华人家庭提供服务。截至4月3日，团队已经开设了德、英、澳、美、加、西六个国家的服务组群。

截至2020年3月7日，团队集结了来自海内外的社工志愿者、心理志愿者、医务志愿者、群助理志愿者、专家顾问团队等约550人，其中社工志愿者182人、心理志愿者133人、医务志愿者93人、群助理志愿者64人、专家顾问团队50人左右。根据资格筛查，参与线上服务的志愿者有316人。团队已组建线上服务群35个，服务总人数为4 916人。

第一节 “2＋3”线上社区下沉抗疫模式

在疫情防控初期，鉴于当时提倡的“居家隔离”指导思想，本着以“社区为本”的理念，依据公共卫生系统的三级预防构架，作者设计出了“2＋3”线上社区下沉抗疫模式。该模式旨在通过线上的信息筛查与需求评估，分离出健康人群、疑似群体和新冠患者三类群体，并通过微信群，起到科普健康人群、指导疑似患者，以及支持患者及其家属的作用。

一、人员构成

“2＋3”即2名专业工作者（社会工作者、社区工作者）＋3名志愿者（医务、心理、群助理）。

二、运作模式

本模式需以微信群为依托，搭建“社区为本”的三级抗疫防御机制（见图1－1）。

（1）第一级防御“靠网格”。首先社工机构通过本地民政系统与各街道网格员对接，并组织机构社工、医务志愿者、心理志愿者以及群助理志愿者下沉到网格群或者物业群中。其中，社会工作者负责评估社区居民的情绪状态、需求，并协调各方面的资源与关系，回应居民需求，与其建立积极关系，并帮助服务对象形成互助团体；医务志愿者负责面向社区居民进行医疗科普，并在线提供医疗咨询服务；心理志愿者提供心理疏导以及缓解情绪的方法和技巧；群助理负责协助社工管理群事务、日常档案，以及进行信息的收集与传递。

服务目标：科普、安抚、摸底。

（2）第二级防御“靠居家”。针对疑似新冠人群建立居家隔离指导群。这部分人员一方面可通过第一级网格群或者物业群的筛查甄别邀请进来，另一方面也可以通过社区医务人员转介进来（医务人员根据他们手头的分诊手册分流，并向居家隔离的发热人群出示二维码，请他们扫描入群）。对于这部分隔离人员，社会工作者负责评估其情绪状态、需求，并协调各方面的资源与关系，与其建立积极的关系，并帮助其形成互助团体；医务志愿者的工作是为隔离者提供专业咨询，指导病患的自我隔离以及家人的防护；心理志愿者提供心理疏导，以及针对突发个案进行个案辅导；群助理负责协助社工管理群事务、收集信息、建档、跟踪发热人群每日的临床表现以及进行日常档案管理。

服务目标：指导、咨询、安抚。

（3）第三级防御“靠社区”。根据社区提供的资料，建立针对新型冠状病毒患者或疑似患者家属的支持群。这个层级原则上须建立两个群。一个群为“支持群”，主要针对入院隔离的新型冠状病毒患者及其家属，主要目的是帮助患者，为其家属提供情绪支持，以及对病患家属进行评估，以掌握其是否有感染风险。另一个群为“陪护群”，主要针对入院失败而滞留在家的新型冠状病毒感染高度疑似患者或确诊患者，主要目的除了帮助和支持群友外，还积极为群友提供病床资源的对接服务。一旦群友入院成功，便转介入“支持群”。

在第三级的群组里，医务志愿者的工作是根据患者的病情发展，为其提供医疗信息，并指导其按医嘱有效服药，此外还须为家属提供健康知识，减少他们被感染的概率，同时帮助家属自我筛查；心理志愿者提供心理疏导以及缓解情绪的方法和技巧；社会工作者负责评估患者及其家属的情绪状态、需求，并协调各方面的资源与关系，与之建立积极的关系，稳定家属情绪，并帮助组员形成互助团体，对患者形成支持；群助理负责协助社工管理群事务、建档、跟踪家属的每日临床表现以及进行日常档案管理。

服务目标：咨询、跟踪、调动。

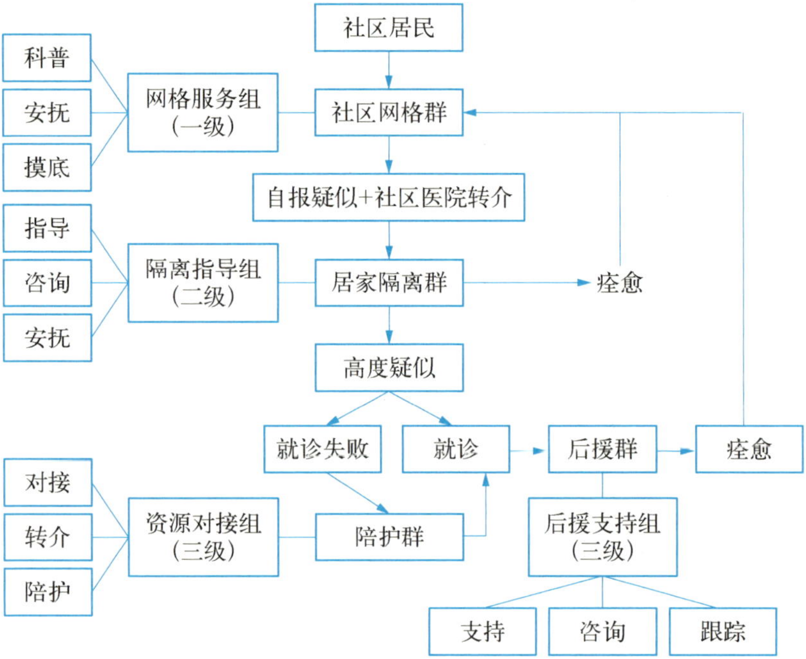

图1-1 “2+3”线上社区下沉抗疫模式图

三、组织构建

根据最初的设想，“2+3”模式三个级别的组织架构都由服务群、协调群与督导群构成。

每个服务群都由社区工作者、社会工作者、医务志愿者、心理志愿者、群助理志愿者作为服务提供者。但不同的是，考虑到相对于二级群和三级群，以普通社区居民为主的一级群对专业服务的需求较少，所以每个群只安排一班人在每天的特定时段值班，甚至在人手紧张的情况下，可安排一组工作者对接两至三个服务群组，而每个服务群中下沉一名群助理即可。在针对发热人群和确诊人群的二级群与三级群内，每个工作群则安排三班人在相对较长的时段里轮值。

针对每个级别的服务群，本模式都设立了相应的协调组和督导组。协调组即工作后台，所有工作人员都在协调组内，方便日常沟通和商议群事务管理。督导组则负责定期为一线工作人员提供专业指导和心理支持。

最终，所有服务群组的负责人都归口到管理组内进行日常事务的交流与沟通（见图 1 - 2）。

四、模式特点

本模式具备四个特点。

（1）以社区为本。模式立足于社区，强调与社区工作人员对接，形成线上线下联动。服务群的建立也以社区的网格群和物业群为起点，社区居民是服务的对象主体。

（2）以三级防御模式为依托。本模式以公共卫生领域的三级防御模式为蓝本，按普通居民、疑似人群以及患者分层建群，区分服务对象的需要和服务内涵，并且建立层层转介的分流模式。

（3）线上服务。本模式全部为线上服务，通过网络整合资源，配合线下社区工作者为社区居民提供支持。

（4）因为服务范畴以社区为本，因而本模式较适合以社区居家隔离为主要防控措施的疫情初始阶段，其重要功能为辅助社区摸排疫情、科普、提供医务咨询、紧急心理救助以及情绪安抚。

本模式工作重心在社区，适合疫情初期阶段的防控。

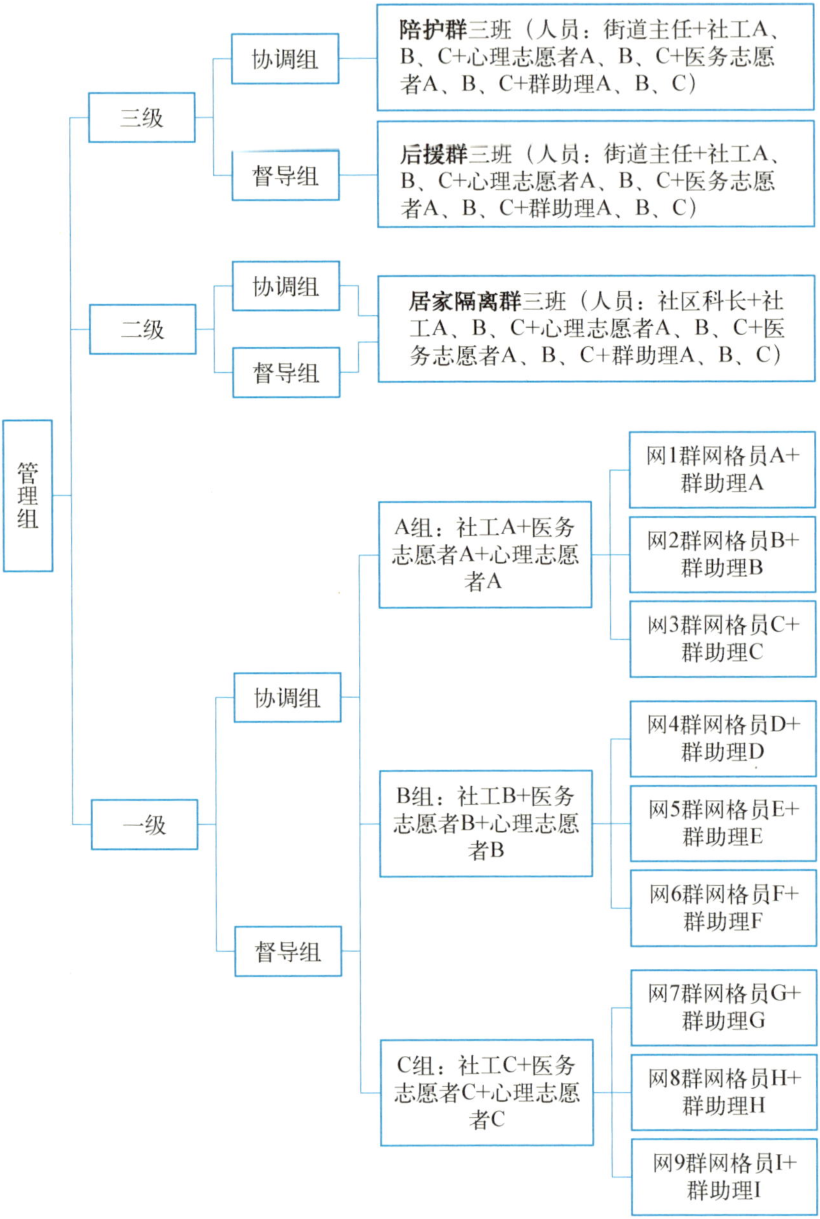

图 1-2 “2 + 3”线上社区下沉抗疫模式组织架构图

第二节　“4 + 1”线上异地救援模式的基本内涵与运行流程

随着防疫模式由居家隔离转向集中隔离，“社工伴行”团队的服务也开始从线上进入隔离点与方舱。由于服务范围日益拓宽，服务对象逐步多元化，此时团队的管理机制和运作流程已经与1月底推出的“2＋3”线上社区下沉抗疫模式有了较大区别，被总结为“4＋1”线上异地救援模式。本救援模式有别于传统现场救援模式，是一种全新的跨专业、跨地域、快响应的云救援模式。

一、“4 + 1”线上异地救援模式基本内涵

所谓“4＋1”线上异地救援模式，即在灾难突发的情况下，救援组织通过网络迅速整合各地社工、医务、心理、群助理四类志愿者资源，以即时沟通工具（如微信）为依托，与至少一名在地工作人员实现空中对接，立体回应在地服务对象身体、心理、社会三方面需求，从而达到救援效果的工作模式。

二、“4 + 1”线上异地救援模式运行流程

与一般的线上服务不同，“4＋1”模式之所以能够起到异地救援的效果，关键在于团队运作伊始，便须明确能与服务团队在空中完成对接的地面应援方。换句话说，能否找到地面的对接方，是决定我们服务能否入场的前提。

作为志愿组织，如何才能进入社区、隔离点以及方舱这样的由政府主导的区域内？在这种情况下，找到能够领路的介绍人至关重要。在团队服务的过程中，与政府密切合作的社工机构扮演了重要角色，

由于他们与政府在前期建立了较为良好的信任关系，因此在他们的推荐下，我们的志愿服务顺利进入了社区，由于服务成效被媒体以及官方看到，进入隔离点和方舱的过程也较为顺利。总体来看，在疫情突发的情况下，如果没有办法在短时间内与官方建立关系，那么迅速找到合适的介绍人，是决定志愿服务团队与在地官方组织对接的前提条件。

团队运行的流程包括六个步骤：

步骤一：找准介绍人。介绍人是帮志愿者团队链接社区的中间人，其可能是政府部门，也可能是与政府有密切关系的社会组织。

步骤二：建群。可以依托社区原有网格群或物业群开展服务，也可根据服务功能另建群。除服务群外，须另建后台群。

步骤三：培训。针对所有的志愿者，须在服务伊始，就成员的角色、职能、工作内涵、工作原则以及注意事项进行说明。培训是反复的，必须随着实际情况的不断更新而不断改进和发展。除入门培训外，还有哀伤辅导培训、紧急救援培训、危机响应培训。

步骤四：对接。与地面的工作人员进行对接。对接也不是一次性的，而是在推进工作的过程中，不断发展合作关系。

步骤五：运行。运行至少包括四方面内容。(1) 评估服务对象需要并回应。许多问题可以直接解决无需落地，线下的信息可以在这一环节进行拦截，减轻线下工作人员负担，从而提高工作效率，节约资源。(2) 不断总结和归纳信息，有专门的信息组负责整理文档。(3) 团队的每日复盘（经验的总结与提前计划）。(4) 分专业督导。

步骤六：评估。通过多个途径，评估服务成效。

第三节 “4 + 1”线上异地救援模式的多场景运用和组织架构

一、新冠疫情期间“4 + 1”模式多场景运用回溯

1 月 30 日，线上发布“2＋3”线上社区下沉抗疫模式；2 月 1 日，“社工伴行”志愿团队线上入驻北湖街，建立微信服务群；2 月 4 日，“社工伴行”志愿服务团队线上入驻某集中隔离酒店，建立微信服务群；2 月 8 日，“社工伴行”志愿服务团队线上入驻洪山体育馆武昌方舱医院，建立微信服务群。

本模式由社区开始，后期随着武汉疫情的发展被继续运用到隔离点及方舱医院内。

二、“4 + 1”模式组织架构与角色功能

本模式在组织架构上有两个层面（见图 1－3）：“4＋1”一线团队与五个功能组别构成的二线团队。一线团队直接面对服务对象，二线团队则为一线团队提供支持。

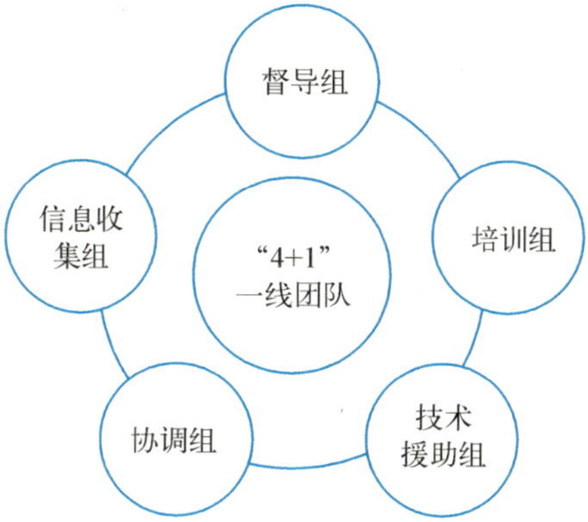

图 1－3 “社工伴行”团队模式组织架构与角色功能

二线团队包括督导组、培训组、协调组、技术援助组和信息收集组。各个群组有不同的分工和功能。

1. 督导组

一线团队在工作过程中，有时可能因为种种原因，对自身的工作价值和能力产生怀疑，抑或遇到具体的问题而无从下手，从而产生无力感和自我怀疑。这时就需要督导组成员对一线团队进行技术指导和心理支持，缓解其心理压力和工作压力，保证队员的心理健康，并提升其专业技能。

2. 培训组

对于新上岗的组员，团队有专门由一线经验较为丰富的志愿者组成的培训组，针对各岗位职责和工作方法，对其进行在线培训。

另外，我们也有针对提升一线志愿者专业技能的培训。譬如，针对服务中遇到的丧亲者，我们除了转介给专门提供丧亲服务的技术援助组外，还组织专门的师资筹备哀伤辅导系列课程，帮助一线的服务者了解如何评估、了解和回应丧亲者的需要。

3. 技术援助组

技术援助组主要包括哀伤辅导援助组和心理援助组。这两组的成员由较为资深的心理咨询师和有临终关怀经验的社工组成。主要功能是为由一线群组转介过来的服务对象提供心理援助。

4. 协调组

各个归口负责人在协调组内进行团队管理、信息整理传递、人员调配和资源协调。

5. 信息收集组

每日文档的归类、信息的整理与下发都由信息收集组成员负责。

三、“4＋1”模式团队角色分工

“4＋1”模式团队分类与角色任务可总结归纳为表 1－1。

表 1－1　“4＋1”模式团队分类与角色任务

一线团队	4=4 类志愿者				1=地面对接
	社工志愿者	医务志愿者	心理志愿者	群助理志愿者	地面工作人员
社区	信息、链接、协调	安抚、咨询、个案	科普、心理急救、安抚	协管、文书、整理	摸排、援助、转运、上报
隔离点	协调、链接、信息	安抚、咨询、个案	心理急救、安抚、科普	协管、文书、整理	生活照顾、观察、转介
方舱医院	组织、管理、协调、链接、信息、物资	安抚、咨询、个案	心理急救、安抚、科普	协管、文书、整理	医疗、管理、生活照顾
二线团队					
督导组	培训组	协调组	信息收集组	技术援助组	督导组
专业技术指导	专业课程培训	管理、协调	信息整理	哀伤辅导	心理援助

由“社区—隔离点—方舱医院”这一流程开展工作时，可发现各个服务点的需求是完全不同的，其早、中、晚期的需求也有不同。

例如，在社区，患者初期最突出的需求是医院床位，中后期随着床位问题的解决，社区的突出需求转变为对生活日用品的需求，如买菜、买药等问题，其中包括心理疏导服务。在隔离点内，患者最突出的问题是对未来的恐慌和对家人的担忧，因此心理上的安抚对他们来说是最重要的。在方舱医院内，患者因为已经被收治，有医护人员的照顾，相较于之前对于自身病情的恐慌感要小了很多，而对生活环境的秩序需求就成了他们关注的重点，例如舱内的环境卫生、饮食起居、检查流程等。在这种情况下，团队成员的工作重点放在了对舱内志愿者的组织管理，以及舱内生活事务的协调层面上来，传递信息，对接物资，同时帮助方舱医院内的患者链接其所在社区，安排其出院等事项。

四、“4＋1”线上异地救援模式特性

本救援模式的特性概括起来有五个方面。

1. 无接触

与以往传统的现场救援模式不同，本工作场景为线上，杜绝了疫病传染的可能性。志愿者在确保自身安全的前提下，为服务对象提供服务。

2. 跨时空

在本次救援中，全国各地的志愿者和资源通过网络可以在短时间内快速集结，跨越了时空的限制。

3. 准对接

“4＋1”模式在提供云服务之前，必须确定有地面工作人员与志愿者在空中对接。准对接也有助于计划的持久性发展，服务对象的许多需求是与其现实生活相关的需求，线上可表达，线下有回应，服务对象的问题才能得到根本解决。

4. 即应答

在固定时段，志愿者能通过网络即时应答服务对象的需求。居民在固定工作时段内通过网络社交媒体（如微信、QQ）可随时向线上志愿者们求助，志愿者们也可以对此做出最快反应和回答。这在疫情初期，对于缓解群内成员的焦虑情绪非常重要。

5. 低成本

由于服务全在线上，省去了交通以及一切生活成本，几乎没有公共开支，加上团队是志愿服务，大大节省了人力、物力成本。

第二章 “4+1”服务团队的组建及介入

——基于对“社工伴行”志愿团队参与
线上异地救援的实践经验分析

姜丽蕊

“社工伴行”采用“4+1”的线上异地救援工作模式，通过微信社交软件下沉到社区，为武汉市内的居家隔离者、酒店集中隔离者、洪山方舱隔离者、东西湖方舱隔离者、出舱舱友、在韩华人留学生，以及多元文化家庭提供线上的支持与服务。主要提供的服务包括：在线链接服务对象所需资源、情绪抚慰、科普新冠预防知识、提供医疗咨询、一对一个案辅导、紧急心理援助、哀伤辅导等。

第一节 服务背景介绍

新冠疫情形成的突发性公共卫生事件将每个人都裹挟其中。为了及时阻止疫情传播，地方基层响应国家号召，采取了一系列隔离防控措施。在此背景下，居民的衣食住行等日常需求需要重新适应紧急的隔离封锁状态。在疫情大暴发阶段，当感染人数超过医疗资源所能承受的范围，医疗资源短时间内无法满足每一位感染个体就医就诊需求时，未能及时就诊的个体及其所在家庭会存在无助、焦虑、愤怒甚至绝望等情绪。

当社会无暇顾及每一个个体时，如何从身体、心理、社会三方面回应个体不同层面的需求？如何在无法到达救援现场的情况下，发动全国各地的志愿者，借助互联网，通过线上云服务实现异地救援？这便是“社工伴行”团队开展服务的着眼点。

本章从团队组建、如何通过线上云服务实现异地救援、需求的评估及服务回应三个方面，对“4+1”服务团队的组建和介入展开实践经验回顾与分析。

第二节 组建以“4 + 1”服务模式为依托的服务团队

一、建立人才储备库

在“4+1”异地救援工作模式的指导下，“社工伴行”核心团队制定招募条件，借助互联网和武汉市本地高校资源的优势，在网络上招募所需的四类志愿者，即社工志愿者、医务志愿者、心理志愿者和群助理志愿者，符合条件的志愿者进入相应的人才储备库。例如，社工志愿者需是社工专业本科及以上的毕业生，且具有一年及以上的实务或项目管理经验。医务志愿者要求为医学专业硕士研究生及以上学历，且具有一年及以上的临床实践经验。心理志愿者要求为心理学专业本科及以上毕业生，拥有国家二级心理咨询师资格证书，具有至少500小时的咨询经验且接受至少100小时的督导培训。群助理志愿者要求为本科及以上学历，擅长与人沟通和团队协作。

同时，根据“4+1”服务模式的设定，明确四类志愿者各自的岗位职责分工。社工志愿者负责链接服务对象所需资源，通过提供及时的资讯改善信息不对称的情形，以及情绪抚慰等；医务志愿者负责提供医学咨询但不做线上诊断、不开药；心理志愿者负责心理援助、情绪安抚、哀伤辅导及个案跟进等；群助理志愿者负责配合其他三类志愿者做好服务记录及跟进工作。

二、“横向”+“纵向”+“分级”的团队管理

面对来自全国各地的数百名线上志愿者，如何让志愿者提供专业

化的服务，如何让具有不同专业背景的志愿者之间进行良好的合作，有效的团队管理是必不可少的。“横向”+“纵向”+“分级”的管理方式在此次线上救援实践中取得了较好的成效。

“横向”管理，即每个服务小组由社工、医生、心理咨询师、群助理构成，其中社工担任服务小组的组长，带领组内成员对当日的服务进展进行复盘、日常总结，统筹组内的分工安排等。“纵向”管理，即社工组、医生组、心理咨询师组、群助理组各安排一位负责人，负责组内的分组安排、专业信息交流、督导安排等。“分级”管理，即将直接参与线上服务的小组定为一线服务团队，负责为服务对象提供在线服务。将管理组及扩展出的其他服务组，如督导组、培训组、信息收集组、哀伤辅导组、心理援助组定为二线服务团队，负责为一线服务团队提供必要的督导、培训、资讯、转介服务等支持。

三、“督导”+“培训”的支持机制

长时间的志愿服务会带来诸如同情疲劳、情感衰竭等职业倦怠感。因此，如何给予团队志愿者及时的专业支持，降低或避免职业倦怠感的出现，是团队管理者在管理团队过程中需要考量的一部分。在此次线上救援过程中，管理团队建立了“督导”+“培训”的支持机制，以应对志愿者在长时间服务中可能出现的职业倦怠感。

首先，管理团队将社工志愿者、心理志愿者按照所服务的组别分别划分为若干小组，通过与无国界社工等专业督导团队合作，每周为志愿者提供一次线上督导服务。由于群助理志愿者多数为社工专业背景的在校大学生，因此将群助理同时安排在社工组接受督导。同时，管理团队联系上海、武汉等地具有多年临床实践经验的医生与团队内部的医务志愿者在线交流新冠有关知识，为医务志愿者提供专业建议

和指导。

其次，管理团队在每个服务小组开展服务前，组建岗前培训工作组，邀请社工、医生、心理咨询师以及具有群助理服务经验的专家团队对志愿者进行线上岗前培训。志愿者通过岗前培训，明确各自的分工与职责，了解服务对象的背景资料，以及服务过程中的技巧和注意事项等。同时，管理团队邀请专家顾问团队录制线上课程，为志愿者提供专业技能和理论支持，如哀伤辅导系列线上课程等。

第三节　如何通过线上云服务实现异地救援

一、“线上服务”完成“线下嵌入”

“嵌入”的原有含义指社会工作者在主观意识和行动上要自觉纳入受助对象的关系网络之中，争取最大限度地获得受助对象的理解和支持（徐永祥，2009）。在此次“4＋1”线上异地救援模式中，如何将线上服务借助微信等即时沟通工具下沉到线下社区中，一个重要的前提便是完成线上服务与线下应援者的服务对接，将线上服务“嵌入”到线下社区中。线上服务者通过与线下应援者沟通协商，了解线下服务对象面临的困难和需求，及时组建“4＋1”模式下的服务团队，取得线下应援者的支持与配合，解决服务的“进场”问题。

在此次线上救援过程中，线下应援者包括社区基层工作者、社工机构负责人、一线医护人员、公职人员、社会热心居民、方舱内热心舱友等。线上志愿者通过与上述线下应援者的沟通，了解其所服务或负责区域服务对象面临的困难与需求。例如，在“社工伴行”团队进驻方舱前，团队首先向方舱内医护人员推广自身可以提供的具体服务，在得到医护人员同意“进场”的前提下，由医护人员将我们的服务方式提供给舱内的患者，在开展服务的过程中，挖掘热心舱友作为线下志愿者，实现舱友间的互助与自助。

二、线上异地救援模式的服务流程

在解决“进场”问题后，如何开启服务？如何在保证服务专业性的同时实现服务模式及工作过程的可复制？一套规范的操作流程是“4+1”服务模式实现上述目标必不可少的一部分。“社工伴行”团队在参与救援的过程中，逐渐总结出线上云服务的六个步骤（见图2-1）。

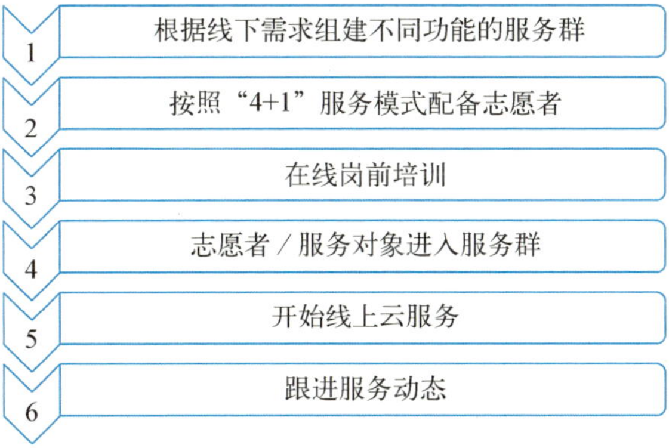

图2-1　线上异地救援模式服务流程图

（1）根据线下需求组建不同功能的服务群。在实现“进场”工作后，根据前期与线下应援者的沟通和服务对象的不同需求进行分类，组建具有不同功能的线上服务群。例如，针对某社区组建的居家陪护群、科普群、酒店隔离陪护群等，对每一类服务群的重点服务功能加以区别，以便提供更有针对性的服务。

（2）按照“4+1”服务模式配备志愿者。团队内部针对所组建的具有不同功能的服务群，按照“4+1”的服务模式从人才储备库中筛选志愿者，为每个服务群配备志愿服务小组，即每个小组均包括社工志愿者、心理志愿者、医务志愿者和群助理。同时，按照每个服务群的服务需求量，配备不同数量的志愿者。例如，针对服务需求量较大的居家陪护群、酒店隔离陪护群，分别配备上述四类志愿者各三名，实行三班轮班制，每一班次保证上述四类志愿者各有一位在线提供服务。针对服务需求量较小的科普群，配备上述四类志愿者各一名，在没有紧急求助的情况下，每天固定时段在线提供服务。

（3）在线岗前培训。为了让志愿者明晰各自的岗位分工和“4＋1”的整体工作模式，在志愿者正式开展服务前，团队邀请四类志愿者代表和专家对即将参与服务的志愿者进行线上滚动式岗前培训。培训的内容包括每一类志愿者的岗位职责与分工，服务对象的背景资料、服务技巧，以及服务过程中的注意事项等。为了便于志愿者重复收听学习，培训过程借助微信语音的形式开展。培训结束后，志愿服务小组组长带领小组成员讨论如何开场，如何分工排班等，为开展服务做好准备。

（4）志愿者/服务对象进入服务群。在前期明确分工分组的前提下，志愿服务小组进驻服务群。同时，由线下应援者向服务对象推广群服务，服务对象陆续进入服务群。在服务对象未明确表达服务需求时，志愿者通过“点—线—面”等工作技巧提供服务。例如，志愿服务小组在服务群内向表现积极的群友了解其线下的生活境况，由积极的群友活跃群内氛围，同时，在其他服务对象提出线下服务需求时，可以发掘积极的群友协助完成线下服务，进而将服务进行推广。

（5）开始线上云服务。志愿服务小组通过评估服务对象需求，在服务群内持续开展线上服务。提供的服务内容主要包括身体、心理、社会等三个层面，例如提供医疗咨询，及时给予心理援助，链接线下资源等。同时，在服务提供过程中，发掘线下服务对象作为志愿者积极配合线上服务，形成互助、自助的氛围。

（6）跟进服务动态。为了及时了解服务进展及服务对象需求的变化，由每个服务小组的组长带领组内志愿者对当日服务进行总结、复盘，及时了解服务的进展状况及需求的变化，通过工作日志等形式，反馈给团队管理组，由管理团队对日志进行汇编，制作成每日工作简报，再反馈给一线服务团队，以便查阅跟进。

第四节　需求评估与服务回应

疫情本身随着管控措施及救治措施的实施，经历了从初期感染人数激增，到中期增长逐渐减缓，再到感染人数逐渐稳定且呈下降趋势几个阶段。从疫情初期的以居家隔离为主要隔离措施，到疑似患者及密切接触者集中到酒店隔离，再到为轻症患者开发方舱医院等，服务对象所处的隔离境况也不断发生改变。服务对象因所处环境、所处阶段不同，个体的需求也不同，总体表现为“过程性和阶段性”的动态变化特征（见图 2－2），即当前一阶段的需求问题解决之后，下一阶段又会产生新的问题及需求。如何让团队提供的服务及时回应服务对象的需求？专业的志愿团队需要始终思考这个问题。因此，如何对服务对象的需求进行及时的评估、跟进，建立及时有效的回应机制，根据需求的变化适时扩充服务内容，是团队应对此次危机事件的重要考量。

在上述服务背景下，此次团队服务的群体包括社区居家隔离的居民，在集中隔离点集中隔离的疑似患者与密切接触者，在方舱内集中隔离的轻症患者，以及海外华人留学生群体及多元文化家庭等。经过需求分析，上述群体整体呈现出三大类需求：医务类需求、日常生活类需求和心理援助类需求。但因所处的隔离环境不同，以及随着疫情的变化和医疗措施的跟进，不同群体在疫情发展的不同阶段，表现出的需求侧重点有所不同。

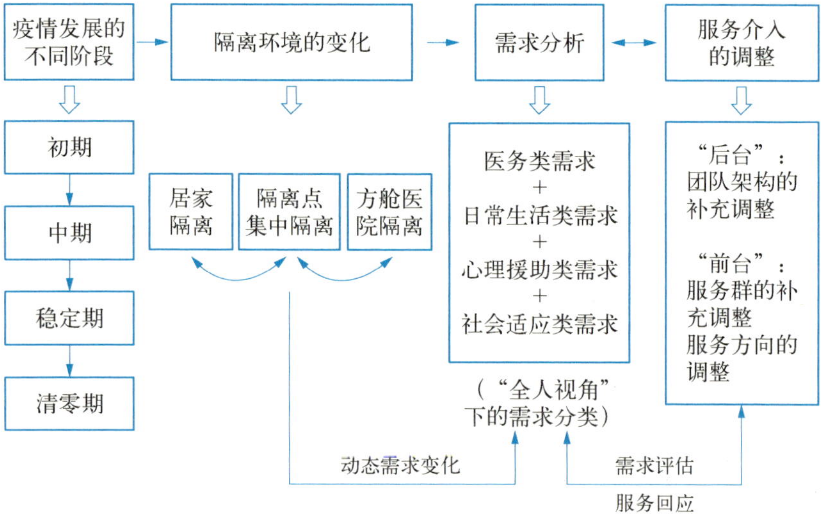

图 2-2　动态需求评估与服务回应

在疫情暴发初期，服务群体主要为居家隔离者、部分在酒店集中隔离的密切接触者和疑似患者。其中，居家隔离者集中表现为医务服务类的需求，如就诊、接受入院治疗、紧急救治、紧急心理援助等。进入疫情发展中期，酒店集中隔离措施实施后，服务对象从居家隔离者扩展到更多的酒店集中隔离者，此类群体主要为疑似患者及密切接触者，该群体的需求表现为生活物资供应等日常生活类需求，舒缓紧张焦虑情绪的心理干预需求。随着方舱医院的建成，服务对象扩展到方舱内的轻症患者。此类群体的需求集中为日常生活物资类需求，用药、医学检测等医务类需求。疫情进入稳定期，随着方舱医院的逐步关闭，轻症感染者痊愈离开方舱医院后再次回到酒店等集中隔离点，继续为期 14 天的医学隔离观察，在此阶段，服务对象的需求以医务类和心理援助类为主。随着感染人数逐渐“清零”，感染康复者和集中隔离的居民陆续回归社区，重新融入社区、重新就业等成为这一阶段服务对象的主要需求。为了及时应对不断变化的需求，团队“后台”及时补充和调整团队架构。同时，“前台”对不同功能的服务群进行补充与完善，其中包括各类型功能的陪护群、信息收集小组、心理援助小组、哀伤辅导小组等，并根据需求的变化对服务方向进行及时调整。

第三章　跨专业异地救援服务在方舱医院的实践

——以武汉武昌方舱医院志愿服务管理经验为例

郭丽萍

按照团队开展工作的方舱医院规定，只接收 18～65 岁、来自方舱所在地区的轻症患者。但出于人性化考虑，也有个别确诊儿童跟随确诊家长住进来。笔者接到“社工伴行”志愿团队通知，组建了一支由社工、医生、心理咨询师、群助理组成的跨专业志愿队伍，为武汉武昌方舱医院东区 122 个床位的舱友（确诊患者）提供线上志愿服务。这是全国首个投入使用的方舱医院，也是首次接受线上志愿团队服务的方舱医院。本次线上方舱医院社工志愿服务持续一个多月。时间紧，任务重，变化大，是这次志愿服务的最大特点。

第一节　筹备——线上志愿服务团队的组建、培训与分工

一、快速组建线上志愿团队

作为第一支进驻方舱提供服务的线上志愿团队，有很多的不确定性：如何与服务对象顺利破冰，建立专业关系？如何整合不同专业志愿者，在同一时间进行有效工作？如何与在地医护人员建立合作？线上志愿服务时间持续多久？这些问题在当时一概不清楚。本团队的 12 名志愿者——来自全国各地的社会工作者、医务工作者、心理咨询师和在校大学生——怀着紧张的心情加入同一个微信群组。此前，笔者由于具有十多年的社会工作服务和管理经验，同时又拥有心理辅导专业

受训背景，因此被委任为第一支线上方舱跨专业志愿服务团队的管理者。当时，团队管理者并不认识任何一位志愿者，每个人都是从“社工伴行”志愿组织的人才储备池里被选出来，大家临时组成了队伍。如何在不到24小时内做好团队的筹备工作，在第二天早上9点开始进行线上服务，是团队管理者面临的第一个考验。所幸在探索中，团队管理者很快完成了以下四个步骤，让团队得以完成服务前的准备工作。

1. 明确团队成员信息

团队成员彼此不熟悉，线上服务可能出现突发情况。团队管理者需要第一时间明确各个岗位成员的姓名、所属组别（社工、医生、心理咨询师、群助理）和联系方式。此外，搜集每一个成员的专业受训背景、从业经验、专业特长、兴趣爱好、工作城市等详细信息，也是非常重要的。这一方面有利于团队工作上的快速融合与协作，另一方面也有利于营造团队凝聚力，确定符合团队成员的管理风格，尤其是方便后续探索内部督导机制。

2. 明确组织规范

方舱医院属于轻症患者的集中隔离治疗点，既有满足舱友治疗康复的需求，又有满足其日常生活的需求。因此线上工作会接触到很多舱友的个人隐私。在这个临时组建的志愿组织中，每个成员都怀着一颗志愿服务的火热的心。但是在工作过程中，如何在确保服务的同时，恰当地处理、沟通涉及舱友的个人隐私信息，需要志愿团队以及团队管理者进行关注和明确规范。在服务正式开始前，每一位成员必须签署并提交一份“志愿书”，作为提醒、指导自己线上服务的行政文件。这虽然只是一个电子签署的文件，但是要求用手写签名的方式，在一定程度上加深了每一位志愿者对这份文件的重视程度。线上服务持续一个多月，本团队从未收到过来自舱友的隐私投诉报告。

3. 开展岗前培训

尽管方舱医院的线上服务属于创新型服务，但是在此前，“社工伴行”的志愿者们已经在社区和酒店等建立了居家陪护群和酒店陪护群，并且取得了不错的效果。因此，在本团队服务开展前，管理者就组织了线上的岗前培训。培训内容包括三个方面：第一，介绍“社工伴行”志愿组织的背景资料，不同专业志愿者此前在居家隔离、酒店隔离人群中提供服务的经验；第二，介绍武汉当时的社会局势，包括生活资源、医疗资源及当地居民的处境、面临的困难、存在的需求等；第三，介绍从有关部门了解到的第一批进入方舱医院舱友的整体情绪和呈现出的问题。虽然培训时间只有一小时左右，但是给团队的服务筹备工作带来了重要讯息。

4. 准备服务资讯

团队要进行线上入驻服务，首先需要准备好自我介绍，让舱友群里的患者和医生了解志愿团队的背景、成员以及线上服务内容等。以下内容是本团队在入驻之后每天都会发布的信息，具体内容会根据轮班情况有细微变动。服务前期每天分三班发布轮班志愿者，后来随着舱友对线上志愿服务的熟悉，为避免群信息过多的情况，改为每天早上发布一次当天轮值安排。

团队轮班介绍词

大家好！我是“社工伴行”项目武昌区方舱医院的志愿者。今天上午社工、心理咨询师、医生、群助理等志愿者会在线值班。各位舱友有什么生活需求问题、情绪问题或者对新冠的科普学习问题，都可以在群里提出。我们不能保证每个问题都一定能得到解决，但是请相信我们会记录并寻求解决方式，再用合适的方式答复你们。

我们的工作时段：9:00—21:00。在这期间，我们会有工作人员轮流值班，在线解答大家的相关疑问。感谢大家配合，顺祝安康！

此外，团队还提醒不同专业志愿者准备一些与专业相关的有用资讯。比如，心理志愿者可以准备一些心理放松和调节情绪的音频内容或文章，医务志愿者可以准备一些与新冠病毒感染有关的医学科普知识，群助理可以整理一些武汉当地有关部门的咨询电话、社会捐助资源信息等。这些都为后续服务的顺利开展奠定了良好的基础。

二、 跨专业人员职责分工

不同专业的志愿者在同一时间段提供线上服务，团队会根据不同岗位的专业进行职责分工（如图 3－1 所示）。

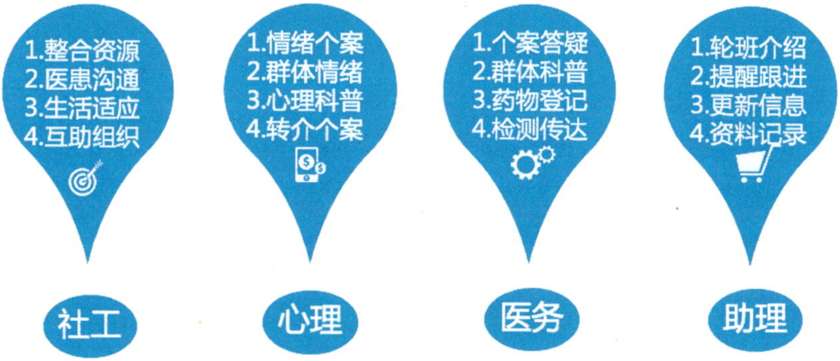

图 3－1　跨专业人员职责分工

1. 社工志愿者

（1）整合资源问题。例如，志愿团队进驻早期，方舱内灯光在晚上无法调暗，严重影响了舱友晚上睡眠的质量。由于当时现实条件所限，无法通过后勤管理部门解决这个问题。于是社工志愿者与院方领导、热心舱友、舱外热心人士沟通，最终为舱友整合资源，提供了100个眼罩，缓解了夜晚灯光的困扰问题。

(2) 医患沟通问题。服务前期，很多舱友从家里来到方舱医院，生活条件的落差导致了很多沟通问题。而方舱内没有后勤人员，几乎所有生活需求都是通过医护人员沟通处理。因此社工志愿者向医生了解当时的方舱情况，并运用服务对象比较能接受的表达方式传递出去，从而降低了医患之间的沟通成本和摩擦概率。

(3) 生活适应问题。方舱内的集体生活产生了很多适应问题，小至一个饮水杯、一个指甲钳的需求，大至集体吃饭、生活垃圾的处理问题。对于这些需要，一般也是社工志愿者优先做出回应。

(4) 在地互助组织培育工作。社工志愿者深知在线服务需要在地的响应，作为轻症确诊患者的舱友，有相当一部分人可以协助舱内生活共性需求的解决。于是，培育和维系舱友互助组织也是社工志愿者相当重要的一个职责。

2. 心理志愿者

(1) 跟进情绪个案。方舱医院前期医护人员紧缺，100多名舱友的健康管理是一个巨大的工程。很多时候，医生难以对每一个人的身体情况都做及时、详细的解释。这时候，个别舱友出于对身体的担忧，产生了情绪问题，需要心理咨询师及时跟进。

(2) 关注群体情绪。新型冠状病毒感染的治疗方案、医疗与相关社会政策都在不断变化中调整，部分舱友的情绪也会随之波动。因此，心理志愿者需要及时关注、处理舱友的群体负面情绪，从而避免群体性恐慌或愤怒事件的升级。

（3）心理健康教育。心理志愿者通过引导舱友对积极健康情绪的重视，使其及时调整自身情绪，以更好促进身体的康复。

（4）转介个案。在这场疫情中，有些舱友由于经历过难以预料的事件，他们的情绪问题需要更深入和专业（如哀伤辅导等）的介入，因此心理志愿者会转介他们到“社工伴行”的哀伤辅导小组，接受进一步的心理辅导服务。

3. 医务志愿者

医务志愿者主要是对舱友提供在线的医务答疑，普及医学常识，以疫情防控事项为主，涉及诊断和治疗时会交由方舱内医生负责。医务志愿者还会协助舱友记录他们的药物需求，并集中性地告知舱内医生录入药物申领系统。对于舱友比较关注的 CT、核酸检测等问题，医务志愿者会凭借专业知识进行一般性的解释，并及时与舱内医生沟通实际情况。

4. 群助理志愿者

本岗位的设立是为缓解以上三个专业志愿者在工作期间信息记录的压力，同时也为了辅助团队管理人员进行队伍的内部管理，班次衔接。此外，群助理志愿者还会协助更新由于“区长”（方舱医院内以片区为单位，推选热心舱友充当“区长”，即志愿者）出院导致的“区长”更替信息。

第二节 服务——基于良好合作关系的危机服务介入

一、建立多方合作关系的策略

在方舱医院提供线上服务本来就是新事物，“飘在云端”的线上志愿者能提供什么服务，是医护人员和舱友最关注的问题。因此，线上服务团队需要快速澄清多方的角色定位与供需内容，与各方建立合作关系，尽快通过展开的行动策略，让各方看到线上志愿者的价值。值得一提的是，志愿团队既需要在行动中不断评估、验证服务需求与服务对象的期待，同时还需要检验需求是否超出原先设定的范畴，尤其要预防由于被寄予太高的期待而影响服务关系。

1. 舱友关系建立："点—线—面"

本团队针对舱友关系建立，采用的是谨慎型的"点—线—面"策略。进入舱友服务群后，志愿者先观察，然后寻找机会"一对一"私聊活跃舱友。请注意，此时的服务策略在70多人的舱友大群里是"看不见"的。没多久，志愿者很快就发现了一名具有影响力和积极性的舱友A。于是由团队中最有经验的一名社工志愿者先私下添加A的微信，通过对方的描述，社工志愿者很快掌握了当时舱友群里大家的生活状态、所关心的问题以及面临的困扰。之后再慢慢添加B、C、D、E几个类似的舱友，继续进行"一对一"私聊。然后在志愿者工作群中，一起讨论这几位舱友与志愿者的互动内容和关系建立情况，初步形成了一个服务关系链条，掌握了更多关于舱友的资讯。第二天团队在群里开始互动时，A、B、C、D、E几位舱友很快参与到志愿者的互动中。当天出现了由于方舱医院内灯光在夜晚无法调暗影响舱友休息的集体情绪问题。社工志愿者在了解现实的困难后，私下与A进行解释，在获得A的理解后，再请A回到舱友群里跟其他舱友进行解释。首先由舱友A以当事人身份进行解释，随后B、C等热心舱友也纷纷表示理解，于是形成了非常好的沟通效果。通过团队几天的观察和互动，群内舱友对线上服务越来越适应，志愿服务也越来越成为"看得见"的群组互动了。

2. 医护关系建立："点—点"

本团队服务的方舱医院片区共有 122 个床位。由于进舱医生的防护服只有 4 个小时有效期，因此一天 24 小时分为 6 个班次，每个班次只进去 3 名医生，护士的人员配备也非常紧张。医护人员不仅要负责看病治疗，还要负责生活琐事的处理沟通。线上服务前期，一些舱友把志愿者当成解决问题的扩音器，不断地传输各种需求和困扰；而志愿者又不在现场，很多问题需要向舱内医生了解才能清楚解决的方案。这对志愿团队与医护的关系建立造成了极大的挑战。团队管理者与医护团队负责人沟通后确定，本团队与医护人员的关系建立在"认清方舱现实，帮忙不添乱"的共识上，重要沟通主要由志愿团队管理者与医护团队管理者点对点定向沟通，其他问题可以由志愿者在微信群给医生留言，等医生方便处理时再回应。"点—点"的策略很快获得医护人员的肯定，并形成了线上线下良好沟通机制。医院负责领导和领队医生在微信群中高度评价了志愿团队给他们工作带来的协助："没有志愿者的服务，我们不可能完成任务！"

3. 组织关系建立："面—面"

虽然线上服务主要是面对方舱医院的舱友以及医护人员，但是志愿服务过程还涉及几个部门或组织，包括引荐志愿服务进驻方舱医院的当地民政部门，进驻方舱医院工作的医疗单位，以及派出志愿团队的"社工伴行"志愿组织，甚至还包括后来志愿服务培育出来的舱友互助组织。这些组织关系都有着各自的角色和立场，代表着不同的工作要求和期待。团队管理者需要及时沟通各方组织的声音。在这个过程中，一致性表达的沟通技巧非常重要：团队管理者不仅要站在自己团队的立场上，也要站在对方组织的立场上，还要根据涉及的具体情境做出良好沟通。例如，在团队工作流程慢慢完善以后，开始有一些服务流程资料（不涉及服务对象隐私）通过媒体或自媒体传播出去。这本来是一次较为成功的实践转为经验的过程，但是由于本次工作涉及多方组织的协作，因此在信息传递过程中需要不同组织之间充分沟通，彼此站在对方组织的角度去思考问题，才能圆满解决问题。

二、危机干预视角下需求分层

卡普兰（Caplan）将危机称为一种急性情境障碍。在个人层面上，是指一个人被情感或问题所淹没而无法正常生活。对于方舱内舱友而言，新型冠状病毒感染对个人身体带来的损害严重扰乱了其正常生活，而且凭借个人过往的经验难以在短时间内恢复，这符合急性情境障碍的范畴。也有学者认为，危机干预是帮助系统适应和应对特定危机的过程。它包括利用资源和有组织地联合各种支持系统来解决问题。首先通过减轻直接痛苦或停止危机中的不适应行为来缓解症状，提供即时性的干预。之后，通过重组帮助系统达到新的平衡。危机干预针对的是最佳的改变时机，而不是长期干预。本次线上志愿服务组织跨专业人员对舱友的身体（生理）、心理、社会支持等进行系统的支持，缓解舱友由于疫情产生的种种不适应。马斯洛需求层次理论为团队在评估舱友需求时提供了合理的分层回应策略。

马斯洛（Maslow）把人类需求分为生理需求、安全需求、社交需求、尊重需求和自我实现的需求共五个层次。不同层次的需求具有顺序性和方向性，低层次的需求尚未得到满足前，高层次的需求是不会被考虑的。因此，线上志愿团队在处理舱友需求时，无论是群体还是个体的需求，回应的准则是：先生存，后生活。即优先接受、处理生理需求和安全需求，延后满足或者婉拒其他层面的需求（见图 3－2）。例如，方舱医院早期灯光照明问题影响了群体的睡眠质量，睡眠不好会影响身体抵抗力，这属于生理需求。尽管受当时现实条件所限，本团队无法满足舱友“关闭或调暗灯光”的需求，但是由于该需求属于最基本的需求，团队与舱友、在地的资源方克服了物资购买、运输两大难题，24 小时内迅速调配了 100 个眼罩，顺利送达方舱医院。另外，对于舱友提出的要指甲钳、护发素，要去附近游泳馆洗澡等问题，志愿者对前两个需求评估之后，鼓励舱友之间互助解决，最后一个需求志愿者通过耐心的解释予以婉拒。

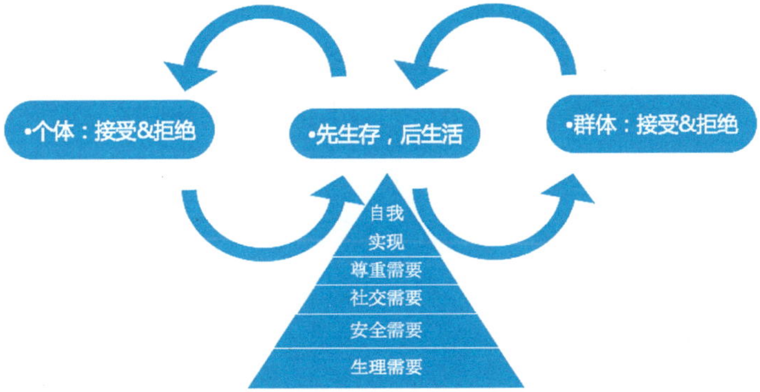

图 3-2　危机干预视角下需求分成与服务提供

三、危机干预视角下服务的提供

危机管理的关键要素包括六个方面（Tiong，2004）：

（1）处理危机带来的感受和情绪；

（2）短时间内评估危险和威胁；

（3）对危机局势进行战略规划和重组；

（4）调动资源以应对挑战；

（5）建立沟通渠道和实施教育；

（6）恢复新的平衡。

本次方舱医院内的线上志愿服务，同样也从这六个方面开展工作。

1. 处理危机带来的感受和情绪

在不同阶段，危机给舱友带来的感受和情绪也不相同。第一阶段是刚进方舱。舱友面临的是生活条件与居家条件落差产生的适应问题，以及对集体康复环境的担忧问题等。第二阶段是康复中期。很多舱友看到其他舱友陆续康复出舱，既焦虑又气愤。焦虑的是为何别人都好转出舱了，自己还不能出舱；气愤的是向医生提出转到定点医院接受更系统的治疗，医生没有答应。第三阶段是陆续出舱或转到定点医院阶段。舱友离开方舱医院集体生活后产生新的适应问题，表现在与舱友的对比中产生的失落情绪。不少舱友在离开后才发现，方舱医院的饮食条件、集体生活产生的归属感以及医生和志愿者对需求的及时回应，都是非常难得的。这三个阶段的情绪都需要社工志愿者、医务志愿者和心理志愿者协作，以单独或群体性的引导解释，协助舱友慢慢平复情绪，适应当下的生活。

2. 短时间内评估危险和威胁

评估危险和威胁主要是配合方舱内医护人员进行的舱友风险评估工作。既包括对部分舱友身体变化的风险评估，也包括对部分舱友心理变化产生的危机预警。在方舱医院线上服务中期，有一名舱友认为自己康复情况不太理想，一直希望医生可以帮助安排转院，到定点医院接受更加全面的治疗。但是在舱内医生评估看来，此舱友的康复情况是在好转中。只是看到其他舱友陆续出舱，内心产生了一些焦虑情绪，并出现头晕等躯体化反应。心理志愿者和医务志愿者配合医生做了很多沟通解释工作后，舱友依然坚持要去定点医院治疗。后来社工志愿者采用身心社灵理论对舱友的情况进行评估，最终与舱内医生达成共识，转介该舱友到定点医院接受后续治疗。

另一个案例出现在线上志愿服务的早期。热心舱友A向志愿者反馈，舱内有一名年长的舱友F，下午接到家里电话后，情绪非常低落，一直在哭。A反馈F可能是担心家中的老伴身体情况，但是又不愿意跟其他人沟通，希望线上志愿者可以帮助F走出情绪的低谷。社工志愿者马上在微信群中寻找F，发现F并没有在群中。后来又希望通过A实现与F的沟通，F也婉转拒绝。于是社工志愿者马上联系医疗队负责人，将F的情况报备给舱内医生，并建议医生在当天晚上值班时留意F的情绪，避免夜深人静时F做出伤害自身的行为。

3. 对危机局势进行战略规划和重组

从服务中期开始，出舱舱友越来越多。早期的舱友是回归社区，进行居家隔离；后来由于出现出舱舱友核酸检测复阳的情况，出舱政策修改为离开方舱医院后到酒店、学校等定点隔离。无论是居家隔离还是定点隔离，医疗资源的配备都不及方舱医院。因此，出舱群体产生了新的危机。于是"社工伴行"团队的志愿者集体讨论，并成立新的出舱舱友服务群。由新的志愿团队接管出舱群组，延续跨专业的线上服务模式。这在一定程度上缓解了舱友的不适应感。

4. 调动资源以应对挑战

随着疫情得到有效控制，舱友的医疗和生活资源问题也慢慢得到解决。一些在疫情中丧亲的舱友开始呈现出对哀伤辅导的需求。由于哀伤辅导是较为专业的范畴，加上本次疫情导致的丧亲具有复杂的因素，丧亲者产生创伤性哀伤的比例更大，因此，本团队在线上服务中接触到的哀伤辅导个案，一般会被转介到"社工伴行"哀伤辅导专属团队中去，以便服务对象得到更合适的服务。

5. 建立沟通渠道和实施教育

在方舱医院线上工作早期，社工志愿者就有意识地挖掘并培育舱友骨干担任片区“区长”，建立“区长”微信群。该群集中了“区长”、舱内医护代表以及全体线上志愿者。在这里，“区长”可以集中反馈舱内问题，与医护、志愿者协商解决之道。此外，舱内医生、志愿者也可以借由“区长”，实现对全体舱友的健康教育、日常卫生秩序安排，甚至以倡议信的方式，引导舱友对非常时期医护条件的理解和对医护人员付出的感恩，从而促成了更有益的、健康的医患关系。在服务中期，方舱医生看到舱友自愿冒雨整理生活垃圾而没有任何防护服，便主动捐助白大褂作为垃圾处理的工作服，医患之间也逐渐建立起风雨同舟、互帮互助的深厚感情。

6. 恢复新的平衡

服务后期，很多舱友出舱后，仍会在原来的舱友群里互动。有时会分享彼此的舱后生活，有时会抱怨现实的问题和困扰。除非这个互动中出现了危险的信号，否则线上志愿者一般采取观望的态度。原因有三个：第一，经过这次疫情，舱友之间成了“生死之交”。这是一个具有集体归属感的地方，线上志愿者作为局外人，不应该随意打扰舱友之间分享生活的喜悦和悲伤。第二，即使舱友有困扰，凭借早期发展出来的互助组织，社工志愿者相信舱友之间有能力互相支持，共同解决问题，过多的介入反而挤压了舱友互助的空间和动力。第三，即使回归到新的平衡，如果舱友之间出现一些危险信号，社工从生命权优先原则出发，还是应该及时介入处理。

四、探索线上志愿服务队督导机制

1. 外部督导安排

本次线上志愿服务，“社工伴行”志愿组织做了如下督导安排：由具有医疗社会工作及灾难社会工作经验的老师担任社工、群助理志愿者的督导，每周开展 1 小时线上督导，提供情绪支持和疑难问题处理建议；由资深心理咨询师和具有哀伤辅导经验的心理老师担任心理志愿者的督导，每周举行一次或多次线上督导，时间在 1～1.5 小时；由所有医务志愿者组成医生代表团，每周邀请其中服务经验较为丰富者分享工作经验和体会，时间在 1 小时左右。

2. 内部督导安排

内部督导机制的建立如图 3－3 所示。

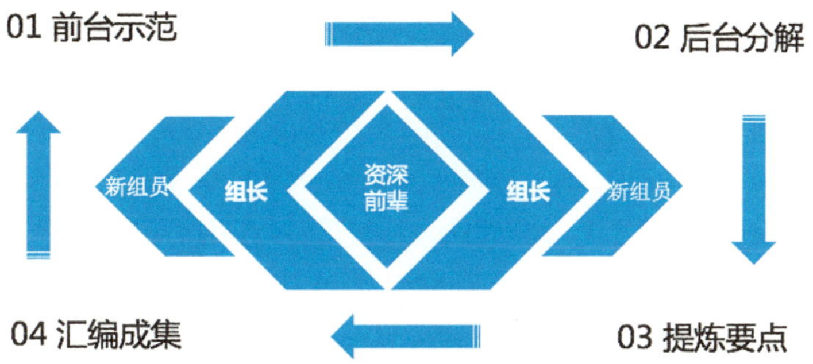

图 3－3　内部督导机制的建立

（1）横向传承。本团队中有一名社工志愿者前辈，她既是高校社工老师，又有武汉线上抗疫服务经验。另外，每个专业组别均推选了一名专业经验丰富的组长。在服务之初，由资深前辈分享线上经验，组长先到舱友服务群轮值回应舱友需求。资深前辈协助组长快速适应线上工作技巧，再由各个组长协助新组员学习线上工作技巧。这是内部督导的横向传承，以学习梯队的形式，慢慢实现全员的服务能力提升。

（2）纵向深化。线上工作有两个群：一个是舱友服务群，称为“前台”；一个是志愿者工作交流群，称为“后台”。在服务之初，资深前辈在前台回应舱友的需求，为其他志愿者进行回应技巧的示范。

团队管理人向其他志愿者解说前台资深前辈回应的技巧，引导志愿者从服务对象的角度感受前辈的回应，与其他舱友，甚至在地医生的回应是否存在差异。另外，团队另一名社工志愿者马上将前台的回应和后台的分解提炼出要点，整理成不同情境对话的话术，汇编成集，以供其他团队志愿者学习参考。这是内部督导的纵向深化，从实务现场到专业讨论，再到经验技巧提炼，最终形成培训文集。

第三节　反思——服务边界的探索与伦理困境的反思

一、服务边界的探索

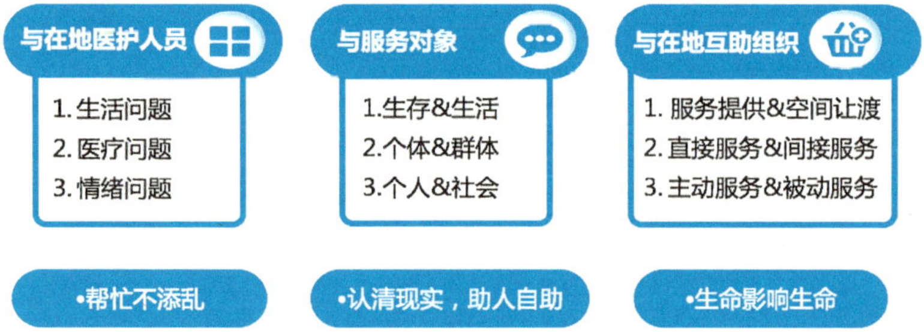

图 3－4　服务边界的探索

图 3－4 所展示的是对服务边界的探索的要点，具体如下：

1. 与在地医护人员

志愿者与在地医护人员会同时面对舱友提出的生活问题、医疗问题以及情绪问题。志愿服务的边界是“帮忙不添乱”。对于生活问题，能引导舱友自行解决的，志愿者尽量不鼓励也不会直接去问医护人员；解决不了的，向医护人员反馈难点并提出问题解决思路，促进医护人员更快判断如何解决。对于医疗问题，主要跟进常识科普类，问诊治疗部分完全交由在地医生进行。对于情绪问题，在舱友群里看到的，大部分交由社工志愿者或心理咨询师志愿者跟进，但是在舱友群之外，或者部分情况紧急的情绪个案，志愿者会发出预警，请在地医护人员特别留意。

2. 与服务对象

与服务对象的边界是“认清现实，助人自助”。根据之前所提到的需求分层准则，线上服务的提供主要是满足舱友的生存需求；对于生活层面的，受到现实影响的部分，则明确态度，用婉转的方式让舱友接受。对于个性化需求和群体需求，志愿者鼓励个体想办法自己解决；对于群体性生存需求，志愿者会介入并协助需求满足。此外还有对于个人与社会的思考。假如志愿者服务太周全，舱友的社会支持系统的力量会被弱化，这对出舱后的适应反而不利。因此，志愿者应当处理舱友支持系统无法解决的问题，而不是包办各种问题。

3. 与在地互助组织

有时舱友提出的问题在地互助组织是可以解决的。例如，每天盒饭的登记和发放问题。志愿者会把服务的空间让渡出去，让互助组织发挥作用，形成良性的分工运作模式。而有些服务可能是在地互助组织难以提供的，比如个别严重的情绪个案，仍需由心理咨询师志愿者提供服务。直接服务与间接服务指的是，志愿者不仅要在群里提供看得见的答疑或问题解决方案，还要在群里有意识培养、引导互助组织成立和发展。要通过服务在地互助组织，间接去服务全体舱友。最后是主动服务和被动服务。志愿者非常明确，在看得见的舱友群中，有些需求的提出固然需要关注和回应，但是在看不见的一些角落里，仍可能存在一些默默承受着种种困扰的舱友，这类人群更需要志愿者，以及志愿者培育出来的在地互助组织去关注和提供帮助。这种“生命影响生命”的服务理念，可以让线上志愿服务触及一些原本无法触及的地方。

二、伦理困境的反思

伦理困境是指社会工作者在实践中遇到的一种道德上难以取舍的模糊和难以找到满意方案的境地。伦理决定是指人们必须在行动或实践过程中决定哪一种行为是好的或正确的，必须判断行动或实践本身对受助者的影响，以符合专业行为的道德要求。洛温伯格和多戈夫（Lowenberg and Dolgoff，1992）提出，伦理困境案例处理的优先次序如下：（1）保证生命原则；（2）差别平等原则；（3）自主自由原则；（4）最小伤害原则；（5）生活品质原则；（6）保守隐私原则；（7）真诚原则。

本次疫情中发生了很多社会工作伦理两难的情况，在此列举其中一个关于病危者与康复者的伦理两难案例。之所以难，在于本案例涉及两个生命个体之间的生命原则，还涉及保证生命原则与自主自由原则、最小伤害原则以及真诚原则之间的冲突。

在首批康复舱友出院之后，团队接到武汉当地的志愿组织求助，有危重病人急需康复舱友捐血作为最后的治疗方案。可是当时的康复舱友出院才 7 天，按照原来的规定，康复者要出院居家隔离 14 天，解除隔离之后才可以捐血。但就在当天，医疗部门出了新政：出院 7 天，解除隔离的康复者也可以捐血。于是志愿者在舱友群里发出求助捐血的信息，还私发了两名康复舱友。

志愿者当时的伦理决定以“保证生命原则”为首要原则。对于求助者而言，但凡有一点希望也需要争取。同时，志愿者认为康复舱友会结合自己的身体和意愿做出回应，符合“自主自由原则”。结果，某位康复舱友把志愿者的行为反馈到方舱医院的医护团队，理由是：志愿者的行为给康复舱友带来了道德压力，甚至感到被道德绑架。此时，志愿者才觉察到，在沟通过程中以“保证生命原则”为优先次序，更多的是站在病危者的角度做出伦理决定，而没有从康复者的处境去理解他们的压力。随后，社工志愿者向康复者表示歉意，解释在面对伦理两难决定时，私发求助信息给康复者这一行为，的确存在忽略康复者道德压力的情况；同时，也肯定康复者从保护自身生命原则出发，有权利做出不捐血的决定，并且鼓励其真诚表达自己的想法。经过沟通和解释，康复舱友最终表示理解社工志愿者的做法，自己身体康复到一定程度后，愿意去捐血，救助有需要的人。

本案例的伦理决定最终是，建议志愿者只选择群发捐血的求助信息到舱友群里，不必私聊康复舱友。这样的决定虽然会让捐血求助者的获救希望显得更小一些，但是结果证明，求助者依然是有希望获救的；同时，对作为康复者的舱友而言，道德上的压力也没那么大。危机干预下的社工服务，在助人行为之前，应以最小伤害为优先原则。

第四章　地面响应机制缺位情境中“4＋1”线上异地救援模式的运用

——以武汉客厅方舱医院中服务的空中对接和落地为实例

沈尹婧

武汉东西湖区方舱医院，又称“客厅方舱”。它由一个超大型的文化场馆改建而成，是首批三家方舱医院中最大的一个。有 A、B、C 三个区域，共 1 461 张床位。8 支国家级外省市的医疗救援队和 6 支武汉本地的医疗队在其中服务，包括来自上海、广东、新疆、宁夏等多地的医护人员。

客厅方舱离金银潭医院仅一街之隔。金银潭医院原名武汉市医疗救治中心，是湖北省、武汉市突发公共卫生事件的医疗救治定点医院，也是武汉唯一一家有近百年历史的此类医院。在这次新冠疫情中，金银潭医院有着艰巨的使命。它是最早接收新型冠状病毒感染者的医院。

在与金银潭医院隔街相望的客厅方舱医院里，我们空中团队也肩负着重大的使命。可是，要入驻客厅方舱，我们得解决一个巨大的问题：没有落地团队接应。这给我们造成三个困难：

第一个困难，是“盲”。

由于舱内没有我们的接应团队，我们对里面的情况一无所知。医生的工作流程是什么？病人怎么作息？场馆改造的环境有些什么设施？病人和医护人员在舱内生活和工作，他们缺什么，不缺什么？暖气有没有？沐浴行不行？厕所好不好？一日三餐怎么送进去？偌大的方舱，没有一张平面图，也没有一个《生活指南》。不只我们空中团队感到“盲”，医护人员和病人也感到“盲”。

第二个困难，是“忙”。

由于传染病的特殊性，入舱人员受到严格限制。舱内除了医疗团队就是病人，另有少数几位后勤保洁人员，他们全副武装，只在必要时进入方舱。可见，方舱内是没有管理协调人员的。医护人员除了本职工作，还要兼顾协调、管理、沟通和组织的工作。算一算，一个舱约 420 个病人，一班只有 5 个护士，平均每个护士要负责 80 多个病人。面对如此大的工作量，每个人都压力巨大。

第三个困难，是“茫”。

我们是空中团队，但服务对象都在舱里，鞭长莫及。我们进不了舱、使不上力，服务难以落地，所以感到迷茫。项目启动的前一天，发起人郁老师还跟我说：“哎，好难啊，咱们再努力试一下，再多打几个电话，看能不能联系上医护，我们得脸皮厚一点，实在不行我们只能调转去服务社区隔离点，当然最好还是能按原计划进方舱。”

这三个巨大的挑战摆在面前，我们核心团队感到困难巨大。在什么也没有的情况下，我们需要从零开始搭建，要搭得快，还要搭得好，不能倒。这绝非易事。我带着四支队伍出征，先在 B 舱展开了工作。很快，在 48 小时内，我们成功和舱内建立了关系，并形成一套工作流程，快速开展工作。

我们是如何做到的呢？下面我从三个方面分享我们的经验。

第一节　空中对接 A、B 线

这里的 A 线是病人，B 线是医护人员。我们对这两个群体都不熟，如何分别对接上呢？在开始对接之前，有两个非常关键的认知：(1) 二者都是我们的服务对象；(2) 二者的需求和资源可以互补。

我们要成功获得A线和B线的合作意愿，就要先满足他们的需求。换句话说，我们需要找准两群人的资源和需求，进行巧妙的匹配。通过我们，他们得以提高在舱内的生活、工作质量。那么病人和医护分别有什么资源和需求？如何进行匹配？

一、A线：病人

病人是被照顾的群体，也是我们的显性服务对象。他们在舱内的需求包括：

1. 获取信息

比如，怎样预约核酸和CT检查？舱内有没有沐浴间？哪里提供热水服务？

2. 食品用品

比如，女士需要洗发水，男士需要剃须刀；晚上睡觉需要眼罩，白天休息需要耳塞；糖尿病病人需要无糖酸奶和低血糖救急用的糖块，年轻力壮的青年需要夜宵。

3. 设施维修

比如，插线板跳电了需要修，晚上门帘掀起冷风吹进来需要挡住，下水道不畅导致洗手台积水需要疏通等。

4. 联系舱外家人

比如，病人的妻子小产，一个人在医院，没人接回家；父母都进舱了，孩子一个人在家，不放心；病人的父亲在医院抢救，病情严重，不知道现在怎么样；等等。

5. 情绪安抚

比如，病人有直系亲属离世，心中有哀伤、愧疚、无助、恐惧等五味杂陈的感受，急需安抚。

病人有很多需求，同时，他们身上也有很多资源。最大的资源，就是他们人在舱内。大多数人的闲暇时间多，热心人也多，不乏年轻人和积极分子。他们关心自己的身体和疫情的大趋势，所以对我们有好奇心，希望从我们这里得到外部信息（比如其他城市和地区的生活状态和卫生防御措施）和内部信息（比如通过我们得到其他病友和在地医护人员的一手信息）。

那么我们如何打通线上病人这条线，取得他们的信任和配合呢？

我在病友群里观察到，有一位病友特别活跃，经常发视频。我就在群里跟他聊天，发现他逻辑清晰，表达也不错。于是我请他帮忙开着视频，带我把整个舱转了一遍，把床位的分布、护士台、食品站、饮水机、血压仪、图书角、移动厕所、沐浴房等位置都一一弄清楚。图 4－1 就是在他和另一位舱友的帮助下画出来的草图。图 4－2 就是最终的 B 舱平面图。

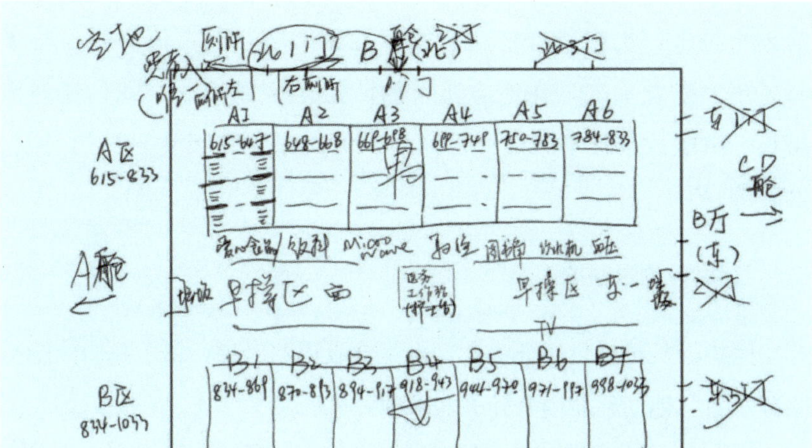

图 4－1　东西湖区客厅方舱（B 舱）平面示意图草图

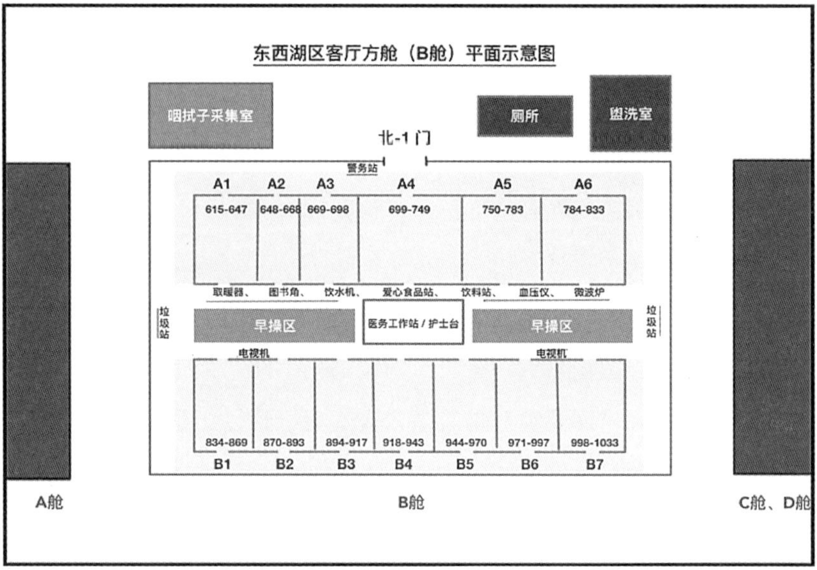

图 4-2 东西湖区客厅方舱（B舱）平面示意图

几位热心志愿者参与到我们前期的工作中，从小忙帮起，参与越来越多，也获得越来越多的成就感。渐渐地，他们的参与吸引了更多病友加入，在地志愿者的队伍越来越庞大。我们还选出组长，由组长负责不同区域的床位，为大家分发饭食、打扫卫生、答疑等。

二、B线：舱内医护人员

医护人员是提供服务的人，也是被服务的对象，属于我们的隐形服务对象。他们在舱内有什么需求呢？

1. 提高人力效用，减少重复劳动

护士团刚入驻 B 舱时，1 个人要服务 80 多个病人。同样的问题 80 个人都问一遍，护士就很累了。常见问题比如：什么时候能做核酸检测？什么时候医生来问诊？还有一些老年病人，记忆力不好，怎么吃药得问好几遍。对于这些常见的共性问题，最好有统一的自动回复给到病友，这可以大大减少护士的重复劳动，节约体力和精力，使得护士能够提供更多创造性的服务。

2. 减少无序状态

例如，一日三餐送来的时候，有人随手拿超过一份，导致晚到的病人没有饭，发生纠纷。也有人领卫生卷纸时报了别人的床号，导致记录对不上。护士得花费额外的时间和精力解决这些问题。

3. 组织病人活动

病人不仅有治疗的需求，也有活动和健身的需求。医护团队需要组织病人做广播操、做护肺运动、参加科普知识讲座等。组织、宣传、招募也是花费精力的事。

4. 得到病人认可

病人在出院前需要填写对医护人员服务的评估表。医护人员只有体力、心力保持良好，才能服务好，才能得到病人的认可。

需求理完，我们来看医护人员拥有的资源。最大的资源依然是人在舱内。闲杂人等无法进舱，我们无法另建一支在地服务队伍，所以在舱内就是最大的资源。我们利用这个资源，让一名护士打印出二维码，带进舱内，迎来了第一批入群的病人。第二个资源是信任资本。医护人员的身份为患者所信任，他们直接为患者提供服务，他们手上或者脑中有患者需要的信息。

那么我们是如何打通医护这条线的呢？

一开始，我们联络各个医疗队，询问合作意愿，但得到的答复都是拒绝。直到联系上来自上海东方医院国家救援队的队长和护士长，我们才打开一个小口子。

我给护士长打电话，先表达了对她的工作状态的理解和共情，然后向她描述了我们的计划。告诉她我们的兄弟团队在另一个方舱已经取得的成效，以及我们想为他们减负的热忱。可能是出于礼貌，也可能是出于好奇，护士长说，“可以试一试”。

于是，我马上邀请她入群。在群里，她得到病人和团队工作人员的热情欢迎，开始在群里给病友做一些解答。但是仅有热情欢迎是不够的，要有实实在在的方式支持医护的工作。我把和热心病友合作完成的医院床位平面图发给她看，把常见医疗问题的统一答复方法也发给她参考。我们还在热心病友中找到 6 名志愿者做分饭小组长，每天早、中、晚协助护士搬运和分发 400 多人的饭。由此得到了她的信任和支持。

三、 A、B 线的良性互动

病人的参与和协助，让我们得到医护的认可；更多医护人员的参与，让我们得到病人的认可；病人和医护之间的供需匹配起来，两者形成一种和谐共生的关系（见图 4 - 3）。总结起来，就是这样一个过程：

（1）找到一位愿意合作的护士长，与他建立联系；

（2）找到热心病友，请他协助我们的工作；

（3）与病友合作产出有价值的信息资料；

（4）合作产物得到医护人员的认同；

（5）医护人员参与度提高，多位护士和医生加入；

（6）医护人员通过我们给病人提供服务；

（7）病人满意度提高，更愿意协助我们的工作；

（8）医患之间形成互相补给的健康互动模式。

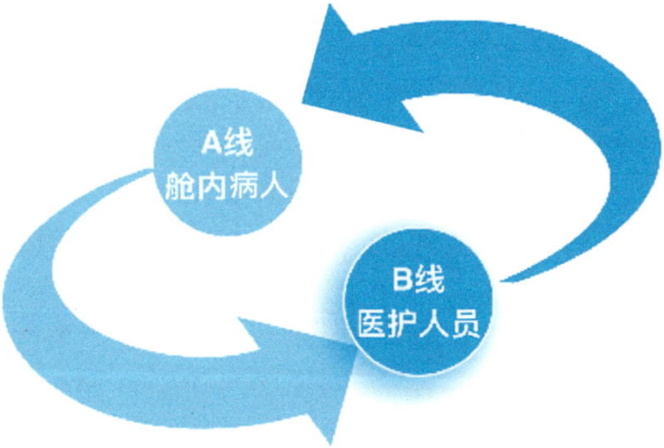

图 4-3　A、B 线良性互动

四、 A、B 线和空中团队形成闭环

从全局来看，病人、医护人员和空中团队形成了一个三方供需的闭环（见图 4-4）。每一方既有需求，也有资源。这些资源和需求其实一直在那，但在我们介入之前，没有人对它们进行收集、梳理、调节和对接。我们空中团队做了这部分工作，让这个闭环运转起来。

图 4-4　A、B 线和空中团队形成工作闭环

第二节　空中团队的内部闭环

一、 空中团队存在的根本

当我们进入服务对象内部后，如何确保团队能存在下去？我们的立身之本是什么？简单说来，有三点。

1. 病人看到我们给力

病人常常遇到许多问题，而我们的线上团队能够及时回应他们。比如，病人听不清舱内的广播，怎么办？看我们的群，有同步文字公告。病人问，中药和西药可以同时服用吗？群里一问，在线医生就来解答。病人发现洗发水和卫生纸没了，怎么办？群里的在线社工立马通知后勤。病人的孩子一个人在家怎么办？群里的工作人员会帮忙联系社区，确保孩子生活无碍，一切平安。病人的心情低落怎么办？群里有心理咨询师，一对一聊天很方便。病人问，什么时候能出院？群里有指南，看一看就了然于心。当病人看到实实在在的帮助，他们很欢迎和支持我们的工作。

2. 医护觉得我们省力

医护看好我们的一个迹象，就是他们愿意用我们的服务，使用我们的群功能，甚至对我们提出请求和寻求帮助。例如，病人每天要扫一个二维码，对体感状况进行自我报告。原来二维码打印在纸上，贴在固定的地方，让病人每天去扫，不太方便。现在，医护直接把二维码发在我们群里，便捷多了。此外，越来越多的广播通知都在群里同步发出，比如医护服务评估问卷、病人小故事征集、摄影大赛、发放餐食的通知，等等。正因为我们的线上服务为医护人员节省了时间和体力，他们越来越离不开我们。

3. 有效的需求处理

有效处理需求在于两方面。一个是边界意识。医护和病人有各种各样的需求，但我们线上团队有能力的边界，我们要知道能做什么，不能做什么。不逞能，不逾矩，不怕丢面子。

另一个是看到需求背后的潜台词。即物质需求背后的心理需求。比如，有的病人不断询问，什么时候能排上做核酸检测。他只是想知道预约核酸的步骤和标准吗？不是的。他问了那么多遍，不可能不知道。他的需求是不被工作人员遗忘、不被别人插队。如果我们只是提供给病人客观的信息就草草了事，这不是他需要的。他要的是承诺和保证，以及情绪上的抚慰。

再比如，我听说隔壁舱的一个病人抱怨伙食越来越差。一开始我以为每个舱的配餐不同，因为我舱的病人反映吃得不错，每顿四个菜，两个荤菜，两个素菜，还配有酸奶和水果。询问后发现各个舱配餐相同。后来才知道这个病人跟人闲聊时，听对方说好像有人看到地勤人员在吃虾，而这个病人当天吃的是牛肉和猪肉。这位病人抱怨的并不是食物本身，而是比较后的心理失衡，需要情绪上的安抚。后来我们经过核实确认，后勤的餐标更低，并不存在病人说的情况，很可能是看错了或者听错了，但造成的情绪失衡却是实实在在的。

有效处理需求的背后，是一个健康的需求闭环。

二、需求闭环

团队能够及时回应和处理需求的根本，在于一个健康的闭环。将需求收进来，进行筛选和分析，做出不同的回应。有了健康的闭环，需求就不会堵塞、积压，我们的服务价值才能得到体现。

1. 第一环：需求收集

收集需求是闭环中的第一项。我们利用石墨这个工具创建了在线共享需求表。它的优点在于一目了然、多方编辑、实时更新。通过这个表，团队可以实时登记、实时跟进和实时更新患者的需求，并在每晚工作结束后，使用表格进行复盘。

2. 第二环：需求分析

有了需求的收集，就可以对需求进行分析。我们发现，病人的需求可分为八类：检测需求、信息需求、医疗需求、设施需求、生活需求、心理需求、舱外需求和其他需求。

这些需求的完成度是不同的。在初期，生活物资的需求和医疗指导的需求量最大。同时，这些需求的满足比例也很高，因为我们和后勤的关系紧密，且有在线医生给予及时的回答。但是随着病人对我们越来越熟悉，他们开始提出更多私人化的需求，比如帮助照顾在家独居的孩子。这类需求慢慢增加，但我们解决起来并不理想，因为服务链更长，涉及更多社区的人员。但是我们意识到这个需求是真实的、强烈的、普遍存在的，所以我们专门组建了一个团队来应对这个需求，提高应对的效率。

3. 第三环：需求解决

我们对接到的需求主要有三种处理方式。

第一种是接纳并处理。比如照顾独居儿童这个需求。虽然有难度，但需求真实、迫切、有普遍性，且我们有能力去满足，那么就积极处理这个需求。

第二种是拒绝处理。比如有病人告诉我们，自己身体无大碍了，希望能早点做核酸，要我们帮忙插个队。核酸的安排需要在舱医生结合临床表现来决定，所以这个需求我们是无法满足的。我们需要委婉拒绝患者并说明原因。

第三种是转介。比如有个病人的父亲在另一个定点医院，刚刚因病过世。这个病人经历了丧亲，发生心理上的阵痛，遭到哀伤、焦虑等各种情绪的困扰。群里的社工和心理志愿者简单的心理安抚显然不够用，需要更加专业和深入的一对一哀伤辅导，就把他转给专业团队治疗。这就是转介。

除了一些个性化的问题，其实 80%都是共性问题，可以统一回答。我们的方式就是陆续发布了几个指南文件，包括《入院指南》《生活指南》《出院指南》等。

最后要强调的一点，就是需求解决的两个层次：一个是物理层次，一个是心理层次。当人们有心理上的绝望、空间上的隔绝和被抛弃感，人会通过获取物质来满足安全感的需求。但是在这个物资缺乏的特殊阶段，很多现实层面的需求我们无法满足，吃的、喝的、用的我们都没法为他们采购。但我们听到他们的需要、重视他们的需要，为他们做出努力，他们的内心得到安抚，物质需求就以另一种方式获得满足。

第三节　工作随笔——给管理者的建议

从 2020 年 1 月加入支援团队到现在，我管理过 5 个人的小团队，也管理过 130 多人的志愿者队伍。管理突发事件下成立的非正式多人线上团队，和管理一个稳定、常规的线下组织大不相同。结合自己的体会、经验和思考，我给异地救援团队的管理者准备了六个建议。

一、 精力、体力、活力

精力代表挖掘需求的好奇心和动力。体力代表每天能够长时间工作，保持大脑积极响应。我有段时间每天工作 15 个小时，连续 20 多天。活力就是有足够的热情和活力。其实病人、医护和团队是可以隔着屏幕感到你的活力状态的。

二、尊重意识

人在压力下都容易烦躁。医护人员的压力很大。前线的医护人员有很多都来自其他省市的医院。他们大部分都不是传染科出身的，在处理这件紧急公共卫生事件时，有种无力感。此外，工作强度大、责任重、饮食生活的不习惯，都给前线支援的医护团队带来压力。对于我们工作团队也是一样，每天长时间工作，各种人、事、需求冲过来，我们也会忙中出错，因为着急而说话不耐烦。

在这种压力环境下，尊重显得尤为关键。团队管理者临危不惧，做到有理有节，尊重他人，团队的成员就会模仿学习。这种尊重让医护团队体会到我们对他们的信任，让病人体会到我们对他们的关注。尊重是整个闭环运转的润滑剂。

三、破圈意识

作为一个管理者，大方向要把握好：要带好上百人的志愿者队伍，要和管理团队商量工作流程上的改进，要做出一些前瞻性的决策，等等。但管理者也需要做好小事。比如我也给社区打过电话，来来回回地和病人家属以及代买药物的爱心人士进行沟通，最后成功地给独居老人买到高血压的药并送到老人家门口。这看上去是很琐碎的事儿，但管理者要能够从细节上升到流程，从小事摸索出服务的规范，推进团队的工作效率。在“自下而上”的同时，运用“自上而下”的管理方法。

四、放弃一些信息

这次疫情，我多出了 100 多个工作群，其中置顶的就有近 50 个。

在一些大群，几分钟就有上百条消息。微信的界面打开，消息一刻不停地跳。位于界面最上面的群，不断被有新消息的群取代。所以管理者一定要养成习惯，先看优先级高的群，放弃一些琐碎的群信息。对我来说，在地志愿者群、协调人群、组长群和新建立的有待扶持的群，都是我重点关注的对象。还有，我告诉我的队员，在群里给我发重要消息，一定要@我。不然几秒钟就被大量其他消息湮没了，我根本看不到。管理人员之间也要形成这样的默契。

五、快速反应

管理者要对需求敏感，并且做出及时主动的回应。在非正式组织里，并没有非常清晰的责任边界，你不做就得别人来做，所以不要等。不用担心前期势单力薄。当一个需求是真实存在且具有普遍意义的，必然会有更多队员加入进来。比如独居儿童亲子群的建立，就很迅速。后期都可以抽调人手跟进这个服务。

要做到快速反应，必须学会拒绝过多的权力。有一阵，我需要带 20 支队伍，130 多人，根本无法一一深入了解每支队伍的工作。这反而成为我在管理和行动上的障碍。后来我选择了两位团队中工作能力不错的志愿者成为我的小助手。团队的管理效率一下提升了。所以，管理者得学会权力下放，充分信任你的助手，合作共赢。

六、第一次的全体会议

第一次的全体会议什么时候召开好呢？我建议，开工头一天的晚上。这个会议的目的，不是谈角色分配、职责或组织架构，这些在项目启动前的培训里就已经讲清楚了。这个会议是谈实操、谈合作体验、谈行事风格和谈真实的需求。工作一天后，这些体验都是新鲜的，谈起来效果最好。

会议的重点对象是谁呢？是小组长。因为他们是连接决策和一线服务的关键。随着任务推进，管理者需要和小组长不断碰撞，可以是多人音频会议，也可以是个别交流。而每日的复盘则交由小组长亲自带领。

第五章 “4+1”线上异地救援模式中社工志愿者的角色与功能

——武汉社区居家、隔离酒店、方舱医院之比较

牛 洋

新冠疫情暴发后，我第一时间加入了“社工伴行”志愿服务团队，以社工志愿者的身份参与线上异地救援。疫情防控期间，我分别参与了武汉市江岸区台北街道桃源社区、武汉市江汉区悦酒店隔离点、武汉市武昌区洪山体育馆方舱医院、国际抗疫服务（韩国）支持组的志愿服务工作，见证了社会工作在疫情防控战中发挥的巨大作用。现将一线服务中积累的一些经验做简单的总结，结合案例从社工的角色、介入策略、社工的自我修养三个方面着重解释在线上异地救援中，社工志愿者“能做什么”和“怎么做”的问题。

第一节 线上异地救援模式中社会工作者的角色

在助人过程中，社会工作者可以提供直接服务、间接服务与合并服务。直接服务是社会工作者直接为服务对象提供的服务，直接服务角色包括服务提供者、支持者、关系协调者、倡导者等；间接服务是社会工作者借助其他程序向服务对象提供帮助，间接服务角色包括行政管理者、资源链接者、政策影响者等；合并服务包括直接服务和间接服务。

我们面临的问题都是系统性的，社会工作者应进行系统性分析，把服务对象的问题统合起来，把问题的解决看作一个持续的过程而不是相互孤立的行动，进行有层次、有针对性的干预。在线上异地救援模式中，社工志愿者可以扮演哪些角色呢？以“社工伴行”团队的经验来看，支持者的角色应该是贯穿服务始终的。同时，针对不同的服

务对象、不同的场景以及疫情发展的不同阶段，社工扮演的角色是不同的。无论扮演什么角色，提供什么样的服务，都应该源于服务对象真实的需求。总体来说，方舱内的需求最琐碎、最繁杂，隔离酒店最容易出现状况，社区居家相对平稳。

一、社区居家

社区是发现和管理疫情的第一线。在疫情中，社区一方面受到很大影响，另一方面也能在预测与防控方面发挥很大作用。在社区的框架下，疫情能够被甄别，疫情的发展能够被有效抑制，并且能够通过缓和措施的实施最终达到控制疫情的效果。

疫情期间，日常的社区社工服务项目难以完全覆盖居民在特殊时期的需求，居民对于疫情的发展、自身的安全、日常生活的困难更为关注。首先，社会工作者应该扮演教育者、信息提供者的角色，为居民提供官方的、最新的疫情资讯，科普居家防护知识，协助社区做每日体温测量，提供买菜、买药等解决生活问题的路径，保障其基本生活。其次，社会工作者应该作为资源链接者，协调多方资源，及时回应居民特殊的需求。比如，调动一切可以调动的资源，帮助患者寻找床位；协调街道、社区工作人员，清理小区内被病毒感染的逝者遗物；协调小动物保护组织，妥善处理小区里的流浪动物等。最后，社会工作者应该作为支持者，鼓励居民自立自强，勇敢面对疫情，恢复其自信心，相信疫情终将被战胜。社工还可以在与居民建立积极关系的同时，推动居民形成互助团体。

二、隔离酒店

出于疫情防控的需要，很多酒店被作为临时隔离点，集中隔离新冠病毒感染者的密切接触者。这些隔离点普遍基础设施状况良好，能够为被隔离者提供较好的生活环境。但隔离点实行一人一间隔离制度，被隔离者缺少与外界的沟通，内心的焦躁、对亲人的思念、对感染风险的担忧等情绪比较突出。酒店隔离点的地面工作人员一般是政府工作人员、酒店员工和社区医院的医务工作者，难以有效解决被隔离者的问题，这时线上社工的服务就显得十分必要。

在疫情发展的各个阶段，酒店隔离点社工的角色有所不同。在疫情初期，社会工作者主要采取多种方法进行危机介入，其角色也是多元的。危机状况逐渐缓和后，服务对象关心的重点转向与隔离有关的具体问题，如“隔离从哪天开始计算、哪天解除”“解除之前要不要做核酸检测”“回家之后安不安全、应该怎么做防护”“解除隔离谁来接、谁负责联络”，等等，这时社会工作者的主要角色是信息提供者，为服务对象提供与隔离有关的信息。同时，隔离酒店一人一间的枯燥的生活会让服务对象原有的生活规律被打乱，社工可以作为倡导者对隔离期间的生活方式做一些正确的引导，比如经常开窗通风、制定作息时间表、适当做一些室内运动，同时配合分享一些关于冥想、正念、八段锦等的音频、视频。随着武汉市感染患者“应收尽收”，隔离酒店群开始变得平静，迫切的需求逐渐减少，这时社工可以提供精神文化方面的服务。我们在隔离酒店组织了猜成语、“拍下你的郁金香”（这个活动源于酒店给每个房间放了一盆郁金香，窗台上那盆花成了很多被隔离者希望的象征）、“宋老师带你游中国”（每天下午图文并茂介绍一个国内的旅游城市）等活动，以转移被隔离者注意力，缓解其因隔离带来的烦躁；我们还鼓励被隔离者通过电话、网络等方式与家人和朋友保持沟通，缓解隔离带来的孤独感和无力感。

三、方舱医院

方舱医院是为抗击疫情建立的临时医院，多由大型文化、体育场馆改造而成，主要用于收治新冠肺炎的轻症患者，其场地设施、人员配备都不能与正规医院相提并论。一进入方舱，就有一大堆问题等着解决，主要集中在生活环境和生活用品问题、食品药品问题、舱内外卫生问题等方面。这时候社会工作者作为协调者、资源链接者，与地面工作人员对接，积极跟进，一个一个地解决实际生活问题，比如募集眼罩帮助解决方舱内灯光无法调控影响睡眠的问题，为糖尿病患者解决特殊餐食的问题，调整广播时间适应患者作息，协调解决洗头洗澡的问题等。与此同时，想让方舱内井然的秩序、正向的氛围持续下去，只靠线上的直接服务是很难实现的，发动患者中的积极力量，搭建互助平台，建立患者的自组织是最好的途径。在这里，社工最主要的角色是使能者和推动者。此外，社会工作者还可以作为教育者、信息提供者，向患者宣传与疾病相关的科学防控知识，帮助患者了解出舱后的隔离和复查流程，学习有关的疾病康复、心理健康等知识；作为服务提供者，有组织地在方舱内开展有利于康复的体育活动及适宜的娱乐活动，或安排进行放松训练，帮助患者建立规律作息和锻炼习惯；作为支持者，鼓励患者尽快适应方舱医院的集体生活环境，配合治疗与检查，鼓励患者通过电话、网络等方式与家人和朋友分享自己的情绪体验和想法，感受家庭和社会的支持，增强战胜疾病的信心。

第二节　线上异地救援中社会工作的介入策略

在线上异地救援中，社会工作者可以采取多种介入策略，本节基于武汉志愿服务的经验介绍需求评估、快速建立关系、答复模板、助人自助、冲突的解决等介入策略。

一、需求评估

社会工作者在提供服务时要坚持专业理性。在行动前静下来，客观地、科学地分析事情的缘由，尽可能搞清楚发生的情况，这就是社会工作者所说的需求评估。有了科学的评估，才能真正确定当地的需求和社会工作者应该在哪个方面与何种程度上提供服务，社会工作者的援助和服务才能真正做到有的放矢，社会工作者的行动才可能是理性的和科学的。在线上主要通过三种方式进行快速、有效的需求评估。

一是通过地面的工作人员进行了解。但是疫情期间地面的医护工作人员、后勤人员非常忙，不能过多打扰他们，与他们交流的过程要尽可能简短。

二是通过服务对象中的骨干进行了解。这是最有效的办法，能够直接、全面地从服务对象的视角了解需求。在武昌方舱主要就是用了这种方法。进群第一个晚上，志愿者没有急于介绍自己，而是“潜水”观察，很快发现了群里一个突出的患者骨干。一名志愿者加了她的微信，私聊大约半小时，基本了解了方舱内的情况。然后据此与对接的医院共同商定了工作计划，将问题分类，按照紧急程度逐一解决。

三是通过观察群内动向进行了解。如果群内没有出现很典型的骨干，可能更多地要靠社工的观察来了解需求。从服务对象发出的每一条信息的内容、语气和群里的互动关系，都能观察到背后的需求，这个过程可能相对缓慢，但可以发现一个问题解决一个问题，有更充足的时间应对。

在关注居民与患者需求的同时，也要关注医护人员的需求。持续高强度的工作会给医护人员身心带来很大影响，志愿者通过一些细节观察到医护人员的情绪变化后，应该及时介入，提供情感支持，疏解压力，对遇到应激事件的医护人员开展心理急救。

二、 快速建立关系

1. 第一时间回应

回应的速度能体现出对服务对象的重视，使其有归属感。危急情况下，很多求助者处于无助的心理状态，而社工完全能够迅速扭转他们的这种心理状态。隔离酒店第一个求助者得到志愿者的及时回应后，表达了感谢之情："有了你们，我就感觉找到了组织，遇到事情不那么着急了，前面真的不知道找谁，现在好了……"

在称呼上也要慎重考虑。我们称隔离酒店的服务对象为"家人"，称方舱内的服务对象为"舱友"，而不是"病友""患者"，这种称呼本身就有亲近感，同时也规避了一些容易带来负面情绪的东西。

2. 每个问题都有答复

在线上异地救援中，社会工作者不可能满足服务对象的所有需求，但应该做到对服务对象的所有需求都有回应。

回应的原则是，对服务对象提出的问题能马上答复的马上答复；不能马上答复的先做情绪安抚，协调沟通之后及时答复；不能解决的问题要说明原因，求得谅解。

3. 优先解决生存层面、物质层面的问题

有些社区独居老人家里没菜吃；方舱里的患者孩子独自在家，内心非常担忧；方舱内灯光太强，一些本来睡眠不好的患者睡不着觉……在这些情况下，直接做情绪疏导是没有意义的，依据马斯洛的需求层次理论，首先要解决他们最低层次、最基本的需求，才能与之建立良好的服务关系。

4. 态度真诚，让服务对象看到努力的过程

志愿者是否发自内心地想帮助服务对象，服务对象是能够清晰地

感受到的。态度上的真诚本身就是一种情绪支持，有助于信任关系的建立。有时候，最终并没有实现服务对象的愿望，但志愿者尽力了，并且让服务对象看到了努力的过程，服务对象也能够理性地面对现实，且心存感激。在服务过程中有很多这样的案例。

【案例一】

> 在酒店隔离的X女士的哥嫂从外地来武汉X女士家过春节。哥哥是尿毒症患者，需要每周透析三次，来武汉后感染了新冠病毒，确诊后不能在原就诊医院做透析，被转介到红十字医院。但红十字医院床位有限，患者一周未能做透析，生命垂危。X女士情绪处于崩溃边缘，内心充满愧疚和绝望，请求救救她哥哥。

社工介入过程：志愿者第一时间表达对其遭遇的同情，缓解其情绪压力；为其提供当时能够做透析的医院名单并协助其联络；耐心地解释特殊时期医疗资源有限，争取让她体谅政府及医院的难处；转介心理志愿者，以个案形式进行情绪疏导；积极联络线上云医院，争取医疗资源；积极联络基金会，尝试捐献透析机。

两天后，其哥哥被红十字医院收治。志愿者的多方努力令X女士心生感激，她感受到社会的关爱，逐渐恢复理性，面对现实。后来在酒店隔离者对餐食提出意见时，X女士主动号召“不提意见、不讲条件、安全度过隔离期”，成为隔离者中的正能量。一周之后，X女士结束隔离回到家，第一时间做了小区的志愿者，帮助邻居在线上购买蔬菜等生活物资。她说：“是你们在我最无望的时刻陪伴和帮助着我，我有能力回馈大家，我就努力去做。”

5. 及时转介

在疫情中，很多服务对象的需求是多元的，需要得到多层次的立体回应，社工很难独立完成，这时就凸显了跨学科志愿服务团队的优势。对于有心理、医疗方面需求的服务对象，社工应该及时转介给团队其他成员；对于有哀伤辅导等特殊需求的服务对象，社工应该及时转介给哀伤辅导专业后援团队。

三、答复模板

答复模板是指在一线服务中总结出的与服务对象沟通的相对固定的模式，使用这些模板可以实现与服务对象快速、有效的沟通。

答复模板分两种。一种是服务对象普遍关心的问题，可以做成固定的小贴士，在志愿者交接班时滚动发出。这样做节省了很多人力，也使服务趋于规范化。我们在方舱里把志愿团队介绍、温馨提示、Wi-Fi 密码、医院平面图、“区长”联络方式、出院流程等都做成了图片和文本两种形式（见图 5－1）。

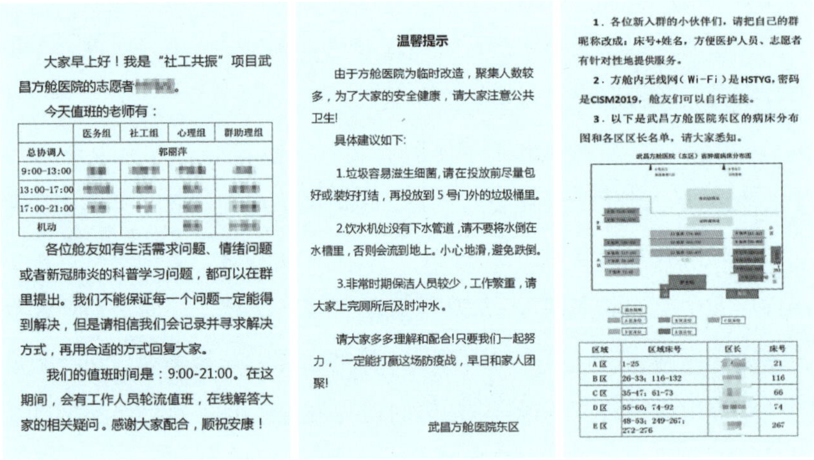
大家早上好！我是“社工共振”项目武昌方舱医院的志愿者[illegible]。

今天值班的老师有：

	医务组	社工组	心理组	群助理组
总协调人	郭丽萍			
9:00-13:00	[illegible]	[illegible]	[illegible]	[illegible]
13:00-17:00	[illegible]	[illegible]	[illegible]	[illegible]
17:00-21:00	[illegible]	[illegible]	[illegible]	[illegible]
机动			[illegible]	[illegible]

各位舱友如有生活需求问题、情绪问题或者新冠肺炎的科普学习问题，都可以在群里提出。我们不能保证每一个问题一定能得到解决，但是请相信我们会记录并寻求解决方式，再用合适的方式回复大家。

我们的值班时间是：9:00-21:00。在这期间，会有工作人员轮流值班，在线解答大家的相关疑问。感谢大家配合，顺祝安康！

温馨提示

由于方舱医院为临时改造，聚集人数较多，为了大家的安全健康，请大家注意公共卫生！

具体建议如下：

1.垃圾容易滋生细菌，请在投放前尽量包好或装好打结，再投放到 5 号门外的垃圾桶里。

2.饮水机处没有下水管道，请不要将水倒在水槽里，否则会流到地上。小心地滑，避免跌倒。

3.非常时期保洁人员较少，工作繁重，请大家上完厕所后及时冲水。

请大家多多理解和配合！只要我们一起努力，一定能打赢这场防疫战，早日和家人团聚！

武昌方舱医院东区

1．各位新入群的小伙伴们，请把自己的群昵称改成：床号+姓名，方便医护人员、志愿者有针对性地提供服务。

2．方舱内无线网（Wi-Fi）是HSTYG，密码是CISM2019，舱友们可以自行连接。

3．以下是武昌方舱医院东区的病床分布图和各区区长名单，请大家悉知。

区域	区域床号	区长	床号
A 区	1-25	[illegible]	21
B 区	26-33；116-132	[illegible]	116
C 区	35-47；61-73	[illegible]	66
D 区	55-60；74-92	[illegible]	74
E 区	48-53；249-267；272-276	[illegible]	267

图 5－1　方舱工作交接图片

另一种是群里的即时对话。这种对话是有技巧的，以下通过几个案例来介绍答复的方式。

【案例二】

有病友表达对自己病情的担忧。

回复：能理解您的担心，不过我们身边有最棒的医生啊！相信医生，配合治疗，多做深呼吸，适量运动，调整心态，这样能提高你的免疫力！

这个回复包括：肯定病友感受+正面信息+您可以做什么。

【案例三】

病友提出需要某物品，例如剪刀。

回复：您的问题我们会反馈，请您问问周围的病友，是否能够暂时借用。特殊时期，很多平常的需求不一定能得到满足，请您谅解！要是哪位病友有带剪刀之类的工具，也请您共享一下，X床的阿姨应该有急用，谢谢您的支持！大家互帮互助、相互体恤，小问题都好解决。

这个回复包括：我们为您做什么+您自己可以做什么+肯定病友需求+强调环境特殊+引导病友互助。

【案例四】

几个主动收拾垃圾的患者提出能不能找几件隔离衣，他们都只有普通衣服，有的人还只有一件。

回复：感谢你们自发为舱友服务！我与后勤保障部门沟通一下，看能不能实现。隔离衣现在比较紧张，穿上也不方便行动，没有防护的情况下建议大家先在安全范围内帮助舱友。

这个回复包括：肯定对方+表达关切+我计划做什么+您可以怎么办。

事实是，方舱里的医生看到这段对话后，主动捐出了四件隔离衣。

四、助人自助

社会工作的专业优势是相对于其他相关专业或非专业的活动而言的，最为核心的是其助人自助的价值观念、科学艺术的工作方法和理性务实的服务风格。应该说，武昌方舱医院很好地实现了社会工作的至高目标——助人自助。

鉴于方舱特殊的大集体生活，我们把方舱内的患者分成五个区，通过推荐和自荐选出五个“区长”，志愿者与“区长”通过工作群沟通，线上线下配合开展工作。短短两天时间，方舱内生活上的小问题基本得到了解决，物品发放井然有序，舱内外环境卫生有效改善，友爱互助成了方舱内的主旋律，舱内读书、唱歌、跳舞也成了很平常的事，方舱就像一个有着良好运行机制的小社会。近一个月后，三分之二患者痊愈出舱，但病友群人数不减反增，很多已出院的患者没有退群，而是选择留在群里做志愿者，服务于后进舱的患者。符合条件的痊愈患者都主动报名捐献血浆，已出舱的患者甚至对方舱有了不舍的情绪。以上做法的成效得到了媒体和社会的广泛关注，主流媒体纷纷进行报道，方舱内的“区长”们也成了“网红”。而这背后的缘由，就是社会工作“助人自助”的理念。

隔离酒店也在一定程度上实现了助人自助。一些特殊的问题，比如有的服务对象需要外卖食品，线上社工并不了解当地当时的外卖信息，就号召服务对象互相帮助，很快就有了满意的回应；有的服务对象担心工作人员发放餐食的方式不安全，线上社工就询问其他服务对象有什么好办法，问题也很快得到了妥善解决。一旦在服务对象中形成互助的氛围，很容易感染更多人，形成更大范围的互助。建立酒店隔离群的当晚，群里就开始共享消毒液等物品。

在社区服务中，我们也尝试组织居民互助，但隔离在家的居民有家人的相互支撑，对居民间的相互扶持相对热度不高，仅限于在微信群里共享一些生活或者疫情相关资讯。有个别社区实现了在线上招募社区志愿者，在线下帮助社区有需要的家庭解决买菜、买药等生活难题。

五、冲突的解决

在线上异地救援服务中可能会遇到各种冲突，解决冲突的原则是服务大局，不损害个人利益。以下通过几个案例来介绍。

【案例五】阻止负面信息

有患者在群里发一些质疑政府工作人员的小视频。

回复：您一定是一位有正义感的人。在这场疫情中，英雄都会被铭记。我们作为普通人，通过网络了解的信息可能会有偏差，提醒您转发要谨慎，别让别有用心的组织或个人钻了空子。

这个回复包括：肯定＋提示不要犯错误。

【案例六】做医患关系的黏合剂

方舱内有患者已做两次核酸检测，着急拿到结果、早日出院，埋怨医护人员告知不及时。

回复：很理解您焦急的心情。医护人员都很忙，可能您拿到检测结果会有延误，请您谅解！我会及时将您的意见转达给医院工作人员，您在舱内见到医护人员也主动问一下。其实，您已经做了两次检测，说明身体状况很好，应该高兴才对呀！

这个回复包括：同理心＋求得谅解＋我做什么＋您能做什么＋正向引导。

【案例七】制止不合适的行为

有的患者着急检测，想自己出去找地方做个CT回来给医生看。

回复：听从舱内医生的安排是最好的选择。您与舱内医生有沟通，是吗？请您理解、相信医生。方舱内有几百个患者，没有规则就乱了。请耐心等待一下，给医生一点时间。

这个回复包括：肯定对方的需求＋看到对方做出了努力＋正向引导。

第三节　线上异地救援中社会工作者的自我修养

在服务过程中，社会工作者的自我修养对服务成效起着决定性的作用。

一、社会工作者的定位

社会工作者首先要明确自己的定位。在线上异地救援中，社工与社区、街道、医护人员是合作关系，要本着帮忙不添乱的原则开展工作，在服务中要体现出对地面工作人员的体谅和支持，这样不但能激发他们的工作积极性，也会带动服务对象理解他们；社工与医务志愿者、心理志愿者、群助理志愿者也是合作关系，应该分工补位；社工是引领者，在整个服务中起“穿线”的作用；社工与居民、患者是服务与被服务关系。

二、内化的价值观

社会工作是依靠专业价值观和专业方法去帮助陷入困境者的专业行动。专业价值观是社会工作的灵魂。社会工作者就是要在人们遇到困难的时候，立刻积极行动，向遭遇困境者伸出援手，提供力所能及的帮助和支持。这是普遍的人们的同类意识，更是社会工作者的专业情怀。在新冠疫情发生后，社会工作者也是如此，专业情怀让大家立刻动员起来，把援手伸向疫区和有需要的人士。

社会工作者的价值观会通过一言一行传达给服务对象，一名社工志愿者对生命的尊重、对生活的热爱、对大自然的敬畏、对公平正义的追求都是专业价值的内化，通过细微之处传递给服务对象，对服务的成效影响至深。

三、 专业伦理

社会工作者需要以“合乎伦理”的方式提供专业服务。

一是生命优先。生命是人的最高权利。社会工作者应将其作为服务的底线。在服务中要密切关注受疫情影响群体的衣、食、住、行，判断疫情带来的日常或急剧变化，是否威胁其生命安全，并迅速做出回应；密切关注居家隔离、家属被隔离后“无力自保”的弱势人群，如行动不便的高龄和独居老人、身心残障人士、未成年人等的需要，应链接资源，优先和平等地提供医疗及日常生活的基本保障；社会工作者要注意自我照顾，参与服务的人员应具有安全的防护工具、充足的睡眠、基本的亲友支持网络，以保障身心安全，防止身心耗竭。

二是平等与反歧视。平等既是社会主义核心价值观之一，也是社会工作的核心价值观之一。每个人都会生病，不要歧视生病的人。我们的“敌人”是病毒，而不是具体或抽象的“病毒感染者”。社会歧视会引发当事人的耻辱感，导致其隐瞒身份或病情，可能造成更严重的社会隔离、病毒扩散和社会损害。社会工作者应反对歧视和污名化，为服务对象提供平等的公共服务；建立平等的服务关系，不以“专家”“拯救者”的身份自居，与有需求的服务对象建立平等的关系。

三是保密。充分保障服务对象隐私权是建立信任关系的伦理基础，也是法律要求。社会工作者应对服务过程中获取的资料在不明显威胁公众安全的情况下予以保密，防止造成二次心理与社会伤害；不披露服务对象的个人信息，包括姓名、肖像、住址、家庭关系、电话及其他个人信息，并及时劝阻其他人士泄露个人信息的做法；确实需要披露的资料，应当告知服务对象必要的披露理由、披露内容、范围以及可能产生的影响，让其有心理准备。

四是学习能力。社会工作者在参与疫情防控工作前，应当接受必要的防疫知识和相关专业知识培训；在专业服务提供过程中，应当有社会工作督导的保障机制。在服务过程中，社会工作者需要自觉地持续学习、精进实务能力、保障服务成效。要掌握疫情发展状况，包括疫情的发展趋势、相关数字和政策；要了解生活保障的相关资讯，包括当地买药、买菜、就医、交通等信息；要掌握防疫科普知识，尤其是各种场景下的防护措施；还要准备一些辅助资料，比如舒缓情绪、正向引导的音频、视频。疫情期间有很多专业领域的免费线上公开课，多听这些课对提升服务能力、维持敏感的自我觉察很有好处。在服务过程中一旦遇到服务对象不接纳、不理解的情况，社会工作者应学会正确对待和处理挫折，保持服务的质量与服务的延续。任何重大疫情或灾害发生后，都有接下来“怎么办”的问题，社会工作者还要学会用“超前半步”的思维去思考下一步可能要处理的问题。

第六章　如何做好“社工伴行”医务志愿者

——武汉“社工伴行”医务志愿者的经验分享

邹　利

新冠疫情暴发后，医学生和有临床经验的医务工作者以各种形式积极支援一线。当接触“社工伴行”团队后，很多医学生第一时间以医务志愿者的身份参与线上志愿服务工作。为了更好地壮大和巩固志愿团队，做好志愿服务，本章对医务志愿者需具备的基本知识和经验进行分享。

第一节　医务志愿者的组成和定位

医务志愿者是“社工伴行”团队的一部分，其工作贯穿一级到三级的群组织。

医务志愿者主要分为两类：线上团队和专业技术团队。

线上医疗志愿者都有医学背景，主要是医学专业研究生（有医师资格证的优先），也有一线医生和护士。令人感动的是，一线医护人员在高风险暴露和繁重的值班工作后，有7～14天的医学观察期和较长时间的轮班休息期，即使在此期间，他们也愿意参加志愿服务，而且能给出第一手的临床经验。

医疗专业技术团队主要由有丰富临床经验（主治医师以上）的各专业的专科医生组成，他们能够把握各类疾病的诊治原则，能够处理各个亚医科专业中的常见病、多发病以及少见病的专业诊治，处理线上志愿者无法解决的问题。属于上级督导医师。

医务志愿者虽然是医生，但是其定位和所扮演角色有所改变。平时在医院或者诊所环境下，医生定位一般是领导者、决策者和执行者。在“社工伴行”大团队中，我们的工作方式变成了线上微信对答，定位也发生了明显的改变。医务志愿者利用自己的专业知识和技能奉献爱心，不再是领导者，也不是决策者。需要有耐心地、详尽地接受问询并回复；需要“感同身受”，提出有效的指导意见和生活建议；需要提供正确的防护知识。同时，因为医学的人文性，医务志愿者需要扮演多个角色，比如可能要做好情绪安抚、鼓励支持、加油打气、肯定认同等。

找准定位后，需要明确医务治疗服务的内容。此次医务志愿者的服务主要包括三个方面：

（1）线上服务。医疗志愿者只做线上服务，不接受线下服务。线上暂时只是以微信为渠道，以点对点、点对面等方式铺开服务工作。

（2）只咨询不处方。线上只提供咨询，原则上不提供处方，主要是为了保护医务志愿者，避免不必要的纠纷，也可以避免因为信息不足导致咨询者受到伤害。如果求助者有药物使用方面的问题，请以循证医学为基础，所给出的建议必须基于证据，不要主观臆断。多以用药建议或者指导为主。

（3）科学宣教。一方面，要把疫情防护知识通俗化，科普化；另一方面，要积极宣传正确的医疗防护信息和医疗保健信息，并且及时辟谣和纠正不科学的说法。

第二节　医务志愿者对信息的分析

医务志愿者在实际工作中被直接下派到各个微信群，在值班时会接收到很多很杂的信息。医务志愿者需要对繁杂的信息进行有效的归纳和分析，要做到以下几点：

（1）不同医疗需求的信息分析。不同的微信群的服务对象是不一样的，所面临的医疗需求也不一样，我们要区别对待，有的放矢。

（2）不同时间段的医疗信息分析。不同的网格群，不同的时段，对医疗的需求各异。比如早期主要是如何隔离，是否要隔离；中期主要在于如何治疗；后期可能是在恢复期如何评估，如何复诊，是否有后遗症等。

（3）不同文化阶层的医疗信息分析。主要是考虑不同的文化水平，尤其是对医学知识的了解不一样，认知上会千差万别，提出来的问题和症状需要志愿者有针对性地处理。

（4）不同渠道的医疗信息分析。由于现在信息传播很快，不同渠道的医疗信息很多，这就要求我们得从千百条信息中找出合理正确的信息给服务对象。

群里除了居民或者患者的问诊和医疗问题，也有很多其他网络信息，一定要做好医疗信息的甄别、筛选和更新。比如，对于在群里出现的各种其他信息，要甄别谣言，识别传播负面情绪的软文、带有偏见的推送等。医务志愿者需要和团队其他志愿者一起，消除负面情绪、纠正偏见、打倒伪科学。

第三节　医务志愿者的“医患沟通”

“有时治愈，常常帮助，总是安慰。”这句话讲出了医疗的有限性，也讲出了医学人文的人性化。经历这么多天的志愿服务和线上医疗，我更加深刻地感觉到“安慰”的力量和重要性。安慰是一种人性的传递，也是医学的责任，包含深深的情感，决不能敷衍了事。学会安慰，并且坚持安慰，很见功力。面对疫情，面对现有的决策和处境，我们能做的最多的就是安慰。所以我建议医务志愿者务必把安慰作为医患沟通的首要原则。

回到知识理论，复习一下医患沟通中的基本内容。包括：

“一个根本”：诚信、尊重、同情、耐心。

“两个技巧”：倾听、介绍。

“三个掌握”：掌握患者的病情、治疗情况和检查结果，掌握患者医疗费用的使用情况，掌握患者的社会心理状况。

“四个留意”：留意患者的情绪状态；留意受教育程度及对沟通的感受；留意患者对病情的认知程度和对交流的期望值；留意自身的情绪反应，学会自我控制。

“五个避免”：避免强求患者及时接受事实，避免使用易刺激患者情绪的词语和语气，避免过多使用患者不易听懂的专业词汇，避免刻意改变患者的观点，避免压抑患者的情绪。

“六种方式”：预防为主的针对性沟通、交换对方沟通、集体沟通、书面沟通、协调统一沟通和实物对照沟通。

医务志愿者的线上服务更需要“一个根本”“两个技巧”和“五个避免”。实际操作需要和常规医患沟通不同，我认为，医务志愿者线上沟通需要比日常的医患沟通有所升级和简化。

在疫情大环境下，医务志愿者要分析服务对象的处境和状态，与对待普通患者和患者家属不同，需要更多的共情和耐心。这相比之前的医患沟通，需要升级。

同时，志愿服务存在局限性，我们能做的不多，主要是做好咨询、科普和宣教。所以医患沟通在一定程度上需要简化。

在具体操作过程中，我主要总结出以下七点。

（1）询问病情时，不要反复多条地追问，编辑好完整的内容后一次性发给患者即可。

（2）回复应该仔细详尽，注意标点符号的细节，语气不要强硬。

（3）采用患者能听懂的语言、科学的解释。懂得换位思考，可以设想是在为自己的家人和好友提出正确的建议。

（4）因为患者的文化知识水平存在差异，当患者出现明显的认知误区时，要礼貌平和地给出正确的建议。

（5）建议在科普之后，能根据患者的实际情况，提供切实可行的具体生活指南，不要泛泛而谈地说多休息、多喝水等。建议根据病情严重程度从注意事项等方面给出建议。例如："建议您可以在家进行开合跳、原地踏步等有氧活动，有助于心肺功能的锻炼，加速血液循环，促进新陈代谢。建议您重视生活细节，少蹲着、少弯腰、少低头玩手机，注意坐姿、睡姿。"

（6）适当增加幽默感。利用表情包等增加回复内容的幽默感，营造轻松活泼的氛围。当然这一点因人而异，不强求。

（7）建议和志愿者团队配合默契，得到团队其他人员的肯定和认可。

【案例一】

症状自述：男，轻微头疼，持续时间将近一个月，没有发热感冒史，每天都在测量体温，也没有密切接触史。今天头昏昏沉沉的，怕出什么问题，所以来问下您，麻烦医生了。

既往医院检查：左侧大脑前动脉血流速度增高。

用药情况：天麻××片，××脑心通胶囊，××清脑颗粒。

第一次回答：您好，感谢您的信任。如果我回复得慢，您稍等一下。您刚刚所述情况我大致了解。还有几个问题要问一下：（1）您是先头痛的吧？请问部位是哪里？什么样的头痛，是闷痛还是电击样？每次头痛持续多久？（2）这次头昏是昏昏沉沉的，有没有眩晕感和头痛呢？（3）以前是否有过头昏？什么情况会加重头昏表现？（4）最近睡眠、饮食情况如何？（5）还有什么既往疾病吗？

病人回复以上问题后，第二次回答务必详尽并解决问题：

“头痛”首先考虑为“紧张性头痛”，我认为这种头痛的程度不重，一般不会影响您的工作、学习和生活，就是可能出现一些不舒服的感觉，时有时无。暂时可以不去医院，也可以暂时不服用特殊药物，特殊时期外出尤其是去医院是有感染风险的。我建议，您可以在家按摩头部，或者喝点咖啡、茶等，有助于减轻症状。“头昏”首先考虑是头痛引起的，由于脑内内分泌和功能紊乱，所以没有出现眩晕、恶心呕吐等，就是昏昏沉沉的不清醒感。特别像那种熬夜之后又起了个大早引起的头部不适。但是您睡眠正常，这种原因也不像。根据您之前的检查结果，也没有什么问题，所以，非要加一个原因的话，可能就是在家待时间长了，或者长时间看手机、看电视等用脑不良引起的头部不适。综合考虑，我的建议如下：（1）三种药物是中成药，效果也类似，不建议吃那么多，吃一种就可以，连续吃两三天看看效果，再看药物情况。（2）注意休息，一定要保证睡眠的质量和时长。做一些室内体育锻炼，稍后给您发一个“在家运动 18 个动作”的视频，很简单也有效。（3）保暖的同时，开窗通气，呼吸新鲜空气。总的来说，不要太担心，目前没有什么太大的问题。按照上面的建议做，可能这种头昏、头痛就好转了。希望我的解答对您有所帮助。如果几天后症状仍没有缓解或者加重了，可以随时联系我。谢谢您的信任。

第四节　志愿服务过程中积极与团队合作

我们一直强调医务志愿者是这个团队的一员，在志愿服务过程中要积极与团队合作。

在“社工伴行”团队中，如何提高医务志愿者的积极性？首先，定位要清楚。我们是医务志愿者，志愿在前，志愿服务是无偿的。但是在长时间的枯燥工作后，容易出现工作疲劳，这时候就需要团队的支撑。我建议，可以开展志愿者线上团建活动，增进相互认识和理解，以求团队能积极高效运转。其次，考虑到医疗服务需要的及时性和准确性，各位医务志愿者务必保持较高的积极性，也希望我们的工作团队能够彼此相互支持。

无论在哪里，团队合作都很重要。在“社工伴行”团队中，我们是四类志愿者之一，我们的任务主要是技术支持和知识宣教。要认识到自己的重要性，因为同一句话医生讲出来可能分量更重。我们也需要承担一些安抚情绪的工作，在这个团队中，大家做好分工合作，团队合作效率会更高！

以下我和大家分享“社工伴行”团队合作的两个真实案例。

【案例二】

求助者：居家隔离者章先生。

求助内容：章先生患有高血压，血压控制不理想。他是一个私人企业的负责人，因疫情不能复工，有思想和经济压力，对所有人不信任。

社工介入过程：

（1）心理志愿者第一时间表达对其遭遇的共情，缓解其情绪压力。

（2）医务志愿者对他进行专业化用药指导。

（3）成立案例分析讨论小组，分析讨论后，由志愿者一对一进行沟通。

（4）线下联系社区帮助其解决缺药的问题。

（5）积极联络线上云医院，争取医疗资源。

结案：

（1）五天后，章先生情绪恢复平稳。

（2）志愿者的多方努力令章先生心生感激，感受到社会的关爱，逐渐恢复理性，面对现实。

（3）经过医务志愿者的正确指导，章先生血压控制理想。

（4）因隔离导致的缺药问题，社区很好地进行了解决。

【案例三】

求助者：方舱患者葛阿姨。

案例事由：葛阿姨入舱已经20天，这几天身边的病友陆续出院，甚至有比她晚入舱的病友都先于她出院。她也没有什么症状，做了两次核酸检测后，一直没有为她安排胸片（胸部X片）或肺部CT检查，也没有人告诉她什么时候检查，什么时候能出舱。她逐渐失去耐心，变得焦虑，不信任舱里的医生。

社工介入过程：

（1）心理志愿者第一时间表达对其的共情，缓解其情绪压力。

（2）群助理及时将情况详细记录在案，在工作群中寻找线下的社工、医护人员。

（3）在方舱工作群中联系“区长”，分析讨论后，由志愿者一对一线上沟通，“区长”或者舱内社工线下陪伴。

（4）医务志愿者询问患者身体状况，宣教出舱要求，解释核酸检测和肺部影像学的基础知识，安抚患者焦虑的情绪，告知有些身体症状是过度焦虑引起的。

（5）线下联系舱内医生帮助答疑检查的安排情况，并做出合情合理的解释。

结案：

（1）当天求助者不再焦虑，耐心等待核酸安排。

（2）第二天，线下医生安排其做胸片检查。第三天进行了核酸检测。

（3）经过医务志愿者的解释，患者因情绪焦虑出现的症状缓解。

（4）第五天，求助者经过专家组的评定后，顺利出舱。

第七章　线上异地救援模式下心理志愿者开展心理急救工作的三个路径

顾　敏

在 2011 年 8 月 19 日世界人道主义日，世界卫生组织、战争创伤基金会和世界宣明会宣布推出《现场工作者心理急救指南》，认为“事实证明，过去五年海啸、地震、干旱和冲突之后留给人们的心理伤害，其毁灭性绝不亚于身体伤害”。这一指南将心理急救（PFA）定义为：“对遭受创伤而需要支援的人提供人道性质的支持。”心理急救的内容涵盖社会支持和心理支持，包括：在不侵扰的前提下，提供实际的关怀和支持；评估需求和关注；协助人们满足基本需求（如食物、水和信息）；聆听倾诉，但不强迫交谈；安慰受助者，帮助他们感到平静；帮助受助者获得信息、服务和社会支持；保护受助者免受进一步的伤害；等等。心理急救可以为处于战争、自然灾害、意外事故、人际暴力以及急性传染病疫情大面积暴发等灾难或危机中的受助人群提供支持。

在心理急救工作中，需要理解的一个非常重要的部分是，心理急救不等同于专业的心理咨询。众多研究结果和灾难、危机的实践共识得出：心理急救不是心理解说，不详细讨论引起不安的危机事件，不要求受助者分析经历，不强迫受助者谈感受或反应等，而是聆听受助者倾诉，帮助受助者获得安全感、维系与他人的关系、感到平静和充满希望，获得社会和情感支持，以及感觉有能力自助。那么，作为受过专业训练和拥有危机干预实践经验的心理咨询师，在新冠肺炎疫情暴发当下，如何更好地做好志愿者服务工作，为受助人群提供社会支持和心理支持？本章将对线上异地救援模式下心理急救工作的特点，以及心理志愿者开展心理急救工作的三个路径进行探讨。

第一节　线上异地救援模式下心理急救工作特点

《现场工作者心理急救指南》中提出要“在任何足够安全的地方提供心理急救。这通常会是在社区环境，比如事故现场或者受难人员收留点，例如医疗中心、避难所或营地、学校和配给食品或其他援助的场所”，“理想的地点是能够在适当的时候可以和人们进行私密交谈的地方”。这些都是关于安全“现场”的建议。但是在新型冠状病毒感染这一急性传染病疫情暴发的当下，现场转变为异地，线下转变为线上，成为本次开展心理急救工作所面临的最大挑战，也带来了心理急救工作路径的一系列改变。

第一，不在现场。传染病疫情暴发的突然性、迅急性，各级政府、机构的各项控疫举措的出台和升级，决定了志愿者无法到现场、不能到现场开展工作，很难了解现场的真实情况。尤其是在危机初始阶段，通常是混乱的，诸如紧急医疗救治、食品和生活用品配给、隔离人员收治和转运、居家人员庇护、儿童保护等信息，以及现场的基础医疗卫生和其他服务机构信息，在以异地为背景的心理急救工作中很难获得，即使能获得相关信息，也可能存在信息准确度欠缺或信息滞后的问题。

第二，不能面对面。由于看不到受助者，在面对面时通过观察就可见的年龄、外貌、气质等信息都无法获得；志愿者给予心理支持过程中可发挥极大作用的技巧，如交流中表达真诚的眼神，适当地拍肩膀、拍手臂等表达鼓励和肯定的肢体语言的使用可能性几乎为零，也没有办法对空间和环境加以利用。俗语说“见面三分情”，在线上异地的心理急救工作中，距离的局限性与交流方式的改变带来了工作平台的变化，助人者和受助者之间采用微信等社交软件，以文字或语音输入为主要交流方式，为彼此间信任关系的建立增加了一定的困难。

第三，不断摸索。2020 年 3 月 3 日，《新型冠状病毒肺炎诊疗方案（试行第七版）》发布，新型冠状病毒感染的流行病学特点、临床表现和诊断标准在不断的认识中更新。在“4＋1”线上异地救援模式下，全国各地的高校、医疗和心理辅导机构的社会专业力量，组成了包括社工、医生、心理咨询师、群助理四类志愿者的线上异地救援工作团队。来自不同省市的跨专业志愿者之间如何在线上进行工作衔接，线上的志愿者与线下的医护人员、工作人员如何进行工作衔接，这些都需要每一位参与其中的志愿者在实践中不断摸索。

第二节　线上异地心理急救工作的实践路径：角色定位

心理急救不是只有心理咨询师或心理志愿者才能提供，任何有专业经验并经过培训的爱心人士都可以参与到心理急救工作中。在本次“4＋1”线上异地救援模式中，社工、医生、心理咨询师、群助理四类志愿者组成救援团队，分工协作，与受助群体通过微信社交软件实现线上对接，第一时间积极回应受助群体的医疗、生活和心理等三方面需求，起到了良好的心理急救效果。

由社工、医生、心理咨询师、群助理等志愿者各一名，组成跨专业服务小队。根据不同受助者服务群体的需求，分别配置了一至四个跨专业服务小队。其中科普群、长者咨询群、亲子健康群等配置了一个跨专业服务小队；密切接触人员的酒店隔离群、居家陪护群配置了三个跨专业服务小队；方舱陪护群、出舱舱友陪护群配置了四个跨专业服务小队，每名心理志愿者的在线值班时间为 3 小时。在为受助者群体服务的过程中，心理志愿者通过明确角色定位，找到了线上异地开展心理急救工作的实践路径。

一、 工作顺位：医疗支持和生活支持为先，心理支持适时介入

马斯洛需求层次理论将人的需求从低到高依次分为生理需求、安全需求、社交需求、尊重需求和自我实现需求。食物、水、睡眠、生理平衡等生理需求维持着人体生命机能的正常运转。在生理需求被满足后，追求人身安全、健康保障、家庭安全，成为人们行动的首要动力，在这两项基本需求被满足到一定程度后，情感和归属需求、尊重需求和自我实现需求，才成为新的激励因素。这一符合人性论、价值论和人本主义科学的理论，同样也适合灾难或危机中的受助者，适合新冠疫情下的民众。

医疗支持为先，意味着在日常工作中首先要协调解决的是诸如能否为感染新型冠状病毒的肾病患者找到满足隔离条件的肾透析仪器和病房，能否尽快为受助者安排核酸检测，密切接触人员服用了中药汤剂后胃部不适该怎么办等问题；生活支持为先，意味着在日常工作中首先要协调解决的是诸如居家隔离后如何通过小区物业买到食品，方舱内的垃圾桶装满了能否及时清运，进入酒店隔离后手机充电线没带怎么办等问题。在线下医护人员、工作人员和线上的社工、医务志愿者解决受助者医疗和生活需求的同时，心理志愿者适时回应受助者，到位而不越位，倾听他们的想法，安抚情绪，理解和体会受助者的感受，尽己所能并诚实地与受助者沟通，会尽力帮助他们找到问题的答案。

生理和安全的基本需求得到满足后，心理志愿者们发挥专业技能，与跨专业服务小队协同工作，如在各服务群的个人昵称中添加自己生活的省市名称，让受助群体感受到来自全国各地志愿者们的陪伴；又如在正月十五，用方言在线上送语音祝福，为隔离中的受助者们鼓劲打气，得到了受助群体的积极响应；在方舱内，鼓励热情的轻症受助者担任“区长”，开展自我管理和自助活动。由此，受助者的情感归属、尊重和自我实现的需求不断得到满足。

二、工作方向：接纳受助者情绪，帮助受助者恢复日常生活秩序

疫情下的人们很容易被焦虑、不满、愤怒、悲伤等情绪淹没或裹挟，我们习惯将情绪分为积极的和消极的，正面的和负面的，是因为我们很容易对情绪的感受进行评判，并将那些不愉快的、不喜欢的情绪称为负面情绪。实际上，并没有什么真正的“负面情绪”。所谓的负面情绪更像一个信使，带着受助者期望沟通的强烈信息，比如焦虑让我们做好应对困难的准备，不满可以告诉我们真正想要的是什么，愤怒包含着自尊自重的力量，悲伤也可以起到安慰与疗愈的作用。情绪越大，包含的信息就越多越重要，每一位心理志愿者都要用心去感受来自受助者内心强烈的呼唤。

心理志愿者们接纳受助者的情绪，理解受助者在灾难和危机事件下普遍的情绪感受，是将受助者作为一个生命给予应有的尊重。接纳情绪要做的是面对情绪，正视情绪，允许情绪，不否认，不回避，不谴责，不需要急于解决问题，或急于向受助者讲道理、给建议，更不适合急于为受助者做认知调整和改变，因为在疫情当下，需要做的不是处理或控制情绪，接纳情绪并帮助受助者合理化情绪更为重要。情绪来自对灾难和危机的各种感受，是受助者的内心体验，是受助者在

诉说和表达，没有所谓的负面情绪，有的只是缺乏了解的情绪，不被尊重的情绪。在应对灾难和危机时，焦虑、不满、愤怒、悲伤等情绪的产生是人类的本能，我们不能与自己的本能对抗，而且从另一个角度来说，这种本能也有着进化上的积极意义，为我们带来身体和行为上的积极响应。

在疫情当下，疾病的发生和发展是不确定的，检测和治愈的方式方法也是不确定的。面对一系列疑问，为了获得确定感，频繁地刷手机，关注各类信息，反而增加了不确定感。在周遭众多的不确定情境下，心理志愿者们帮助受助者在力所能及的范围内重新建立起日常生活秩序，让受助者待在自己熟悉的日常生活环境中，从而体验到的确定感反而是最有效的。帮助受助者用认真的态度去对待日常生活中的点点滴滴，起床洗漱、穿衣叠被、洗菜做饭、打扫房间、清洗衣物等，认真体验和感受自己喝的每一口热水，吃的每一口食物，每一次呼吸，每一次迈步，鼓励受助者认认真真、一本正经地把自己的生活琐事做好，把自己的日常生活照顾好，体验生活的仪式感和智慧。不论是在酒店独居的隔离者，方舱中的轻症患者，丧亲后沉浸在哀伤中的幸存者，还是居家隔离整日面对孩子而日渐烦躁的父母，通过建立日常生活秩序，放慢节奏，不断体验和感受，将内心锚定在可确定的日常生活小事中，在生活的仪式感中平复内心的焦躁和不安。

三、 工作方法：广义的倾听，以及共情、陪伴、鼓励和赋能

倾听不仅需要听觉器官接受言语信息，还需要一个人全身心地去感受对方在谈话过程中表达的言语信息和非言语信息，起到排解矛盾或者宣泄感情的作用。但是在疫情的背景下，志愿者们在异地利用微信社交软件开展线上心理急救工作，其倾听已经远远打破了用耳听的

常规局限，而是将倾听扩展为对受助者输入文字或语音的理解，将倾听扩展为对微信群内受助者所发出各种信息的在线观察和感受，从中捕捉和识别出需要安抚或疏导的信息，在征得受助者同意后，从专业的角度进行及时的在线咨询。

在咨询过程中，心理志愿者们将言语转化为温暖的文字，充分利用好微信中的各种表情符号；在语音输入时紧贴受助者的需求，恰当地安排好语音、语调和语速。将听和说转换为文字和语音输入的过程，最大限度地表达出志愿者们的耐心、诚心和善意。志愿者设身处地地去理解受助者的情感和思维，共情受助者的感受，让他们感到自己被理解、被接纳；回应受助者的需求和担忧，让他们感到自己的需求被看到、被听到，陪伴他们度过艰难的等待期；鼓励他们进行自我表达和情绪宣泄，鼓励他们审视和利用自身或外在的各种资源，接受来自亲友或社会的支持；积极予以心理赋能，发挥主观能动性，激发潜在能力，提高应对灾难和危机的信心，不断进行自我探索和自我成长。与此同时，心理志愿者还积极开展跨专业志愿者之间、线上与线下之间的协同合作，得到了受助群体的充分信任。

2 月中旬的一个下午，居家陪护群的在线值班心理志愿者在微信群中，看到了 F 女士发的这样两段文字："我是一名轻症患者，在家等酒店隔离，体温 37.3℃～37.4℃，请问能吃退烧药吗?""我心里有很多困惑，烦躁不安，不知道该怎么办。"在医务志愿者解答后，心理志愿者适时介入，征得该女士同意后及时进行在线心理干预。在交流过程中，志愿者了解到 F 女士的母亲于两周前感染新冠肺炎去世，自己和丈夫、弟弟、弟妹也都被感染。当时自己和丈夫属于轻症患者，在家中隔离，每天睡眠只有两三个小时，非常焦虑、抑郁，对死亡感到恐惧。心理志愿者认真倾听，并对她的焦虑情绪表达理解与同情，及时发了多个微信拥抱表情，表示在她需要的时候，志愿者会一直在线上陪伴。当F女士表示马上会被安排到酒店隔离治疗时，心理志愿者及时赋能，告诉她相信自己，保持好的心态可以激活免疫系统，并鼓励她和丈夫一起，共渡难关。

第三节 线上异地心理急救工作的内在路径：自我觉察

自我觉察是对自我及自我心理运作过程的觉察，在心理志愿者的成长中扮演着重要角色，是心理志愿者开展心理急救工作的内在路径。自我觉察促使心理志愿者把自我作为客体来关注、审视和评估，能够帮助心理志愿者维护自身的心理健康，实现自我的不断成长，积累经验，提高技能；能够帮助心理志愿者放下自我，真正表达出对受助者的同理心，更好地帮助受助者。志愿者只有内心有能量，才有可能更好地帮助到他人。

一、心理耗竭与心理咨询师志愿者的自我觉察

加入志愿者团队，为灾难和危机中的受助者提供社会支持和心理支持，可以丰富志愿者个人的实践经验，在助人过程中获得满足感。但是在疫情初始时，面对各种医疗救治、生活保障信息混乱，面对感染者得不到救治的哭诉和求助，面对个别线下工作人员对线上志愿者的不理解和抱怨，尤其是在连续的、超时的在线工作后，志愿者极易产生心理耗竭，最常出现的就是情绪崩溃、同情疲劳和英雄主义。志愿者带着满腔热忱来工作，却在现实中感到失落和疲倦，随着时间的推移，逐渐会变得情绪低落、愤世嫉俗；或者对受助者越来越冷淡、越来越漠不关心；又或者对受助者大包大揽，试图干预或包办他们的

日常生活。这些都是不可取的。志愿者要认识到，有时留给受助者一定的空间，让他们通过自己的努力去达到、去完善、去成长，其实是更有效的心理支持。为避免心理耗竭，除了志愿者团队建立完备的组织体系和工作保障策略之外，心理志愿者的自我觉察尤为重要，及时把自我作为客体来关注、审视和评估，可以减少心理咨询师志愿者在心理上和情感上的巨大消耗。

二、受助者情绪变化与心理志愿者的自我觉察

在灾难和危机下，受助者的心理变化过程会先后经历冲击、混乱、适应和重建四个阶段。每一个受助者经历每个阶段所需的时间，可能是数周，也可能是数月、数天或数小时不等，所需时间依据所经历灾难和危机的严重程度会有不同，但是，受助者在每个阶段的情绪变化基本类似，有一定的规律可循（见图 7－1）。

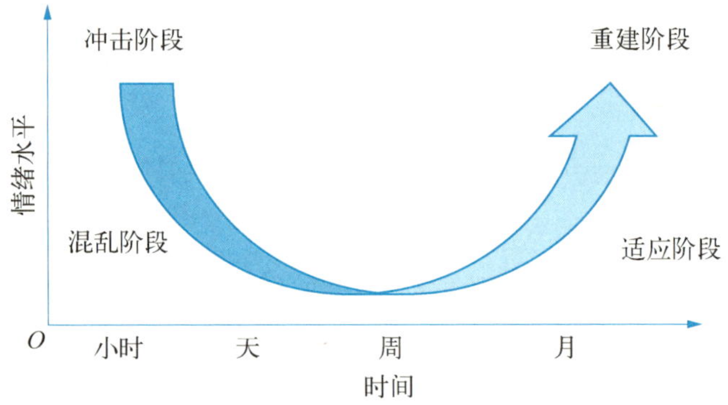

图 7－1 受助者心理变化过程四阶段

一是冲击阶段。受助者会表现出战斗、逃跑或木僵的典型急性应激反应，或忙于应付当下紧急的生存、安全或医疗问题，或无法接受事实、急于否认，或无法思考、一片混乱，严重者可能失去感觉。

二是混乱阶段。受助者表现出明显的焦虑、抑郁、自责、愧疚、愤怒等强烈情绪反应，对未来充满困惑和不确定感。

三、四分别是适应和重建阶段。受助者接纳事实，逐渐获得自信，不断突破、成长，规划生活和工作，尝试和参与有意义的活动。

从受助者心理变化过程的四个阶段来看，数周或者数月后的第二个混乱阶段，将是情绪问题爆发的高峰期，也是心理问题的积聚期。创伤后应激障碍（PTSD）常常会在灾难和危机后的一到三个月进入高峰。志愿者工作时间的迁延性和难度逐渐加大，疫情下的心理干预、心理支持和陪伴也将是一场持久战，所以心理志愿者的自我觉察还包括对自我体力、精力的觉察和关照，合理安排好工作与生活作息，保存体力、适当惜力，才能更好地服务受助群体。

三、“不求回报”的志愿者精神与心理志愿者的自我觉察

志愿者精神提倡“互相帮助、助人自助、无私奉献、不求回报”。志愿者精神中的“不求回报”，既包括不求受助者的回报，又包括对来自志愿者自我内部奖赏系统回报的设定。所谓内部奖赏系统，是指人们往往会事先确定一些行为标准，达到行为标准则予以自我奖赏，比如完成任务时会感受到快乐，挑战成功后会感受到喜悦，帮助到他人时会有自我价值感；相反，在帮不上他人时会产生无力感、无助感，被受助者误解会感到委屈，有时在微信服务群内被爽朗与充满韧性的服务对象忽视，会怀疑自己作为志愿者的意义和价值，等等。对于这些，在线上异地开展心理急救工作的志愿者们均有或多或少的体验。通过自我觉察，真正明确志愿者们的价值和志愿者工作的意义，将自我内部奖赏系统回报设定为对受助者的陪伴，受助者的痛苦和焦虑被看见、被听见和被回应，这本身就是心理疗愈，是最大的心理支

持。心理咨询师志愿者的陪伴是与感染者一起等候一张入院治疗床位时的安慰，是与丧亲者在夜晚的医院太平间里无声地等候殡葬车时过去的分分秒秒，是在居家服务群中晒宝宝洗手视频时的鼓励，是从朝九到晚九各个服务群中对每一个文字或微信表情的回应。人们常说陪伴就是最长情的告白，志愿者们将陪伴设定为自我内部奖赏系统的回报，告诉受助者“如果你需要，我们随时在线上”。

四、 团队工作保障策略与心理志愿者的自我觉察

在线上异地开展心理急救工作中，借由团队工作保障策略的执行，可以有效降低心理咨询师志愿者的压力风险。

(1) 明确规定心理志愿者的工作时间为每人每日值班三小时，值班期间与跨专业服务小队的其他志愿者协商后，可错峰休息 15 分钟。

(2) 根据心理咨询师志愿者工作时间意愿，合理安排每日的轮值时间。

(3) 明确各个微信服务群都有一名群助理负责行政事务。

(4) 鼓励各个微信服务群的跨专业服务小队与线下医护人员、工作人员建立同步的工作协调群，协商、协同工作。

(5) 根据受助群体的同质化，成立心理志愿者工作小组，每组 8～12 人，建立定期的心理督导和个案研讨机制。

(6) 建立心理志愿者储备池，允许心理志愿者根据个人工作生活安排，选择退出志愿者团队，并及时为各个微信服务群补充人员。

同时，鼓励心理志愿者在心理急救工作中，做好自我觉察和自我关照。

(1) 管理和安排好个人家庭、工作和志愿者服务的计划，包括照顾孩子和年长父母等。

（2）摄取足够的营养，进行足够的运动和充分的休息。

（3）掌握和定期使用压力管理的工具，包括寻求帮助，分享经验，运用放松技巧，增加正向活动，与家人朋友相处，限制咖啡、香烟等物质使用等。

（4）与受助者保持适当的界限，按照工作流程转介个案，懂得说“不”和进行合理的拒绝。

（5）告知受助者我们能够提供的社会支持和心理支持，尊重受助者的选择，接受自己不能改变他人的事实。

（6）与团队和伙伴一起工作，定期与伙伴交流和接受督导。

第四节　线上异地心理急救工作的组织路径：团队建设

在灾难和危机面前，个人的力量是渺小和有限的，只有做好团队建设，才能吸引人才、凝聚力量，互相配合、取长补短，高质高效、更快更好地完成各项任务。基于志愿者精神，线上异地心理急救工作不仅凝聚了社工、医生、心理咨询师、群助理四类跨专业志愿者力量，而且根据心理急救工作的特点，围绕心理咨询师志愿者服务受助群体的实际需求，逐步建立健全了心理技术支持团队和心理督导团队，让每一名心理咨询师志愿者能够站在团队成员共同搭建的统一平台上，发挥团队优势，开阔视野，增强洞察力，将个人力量放到最大，创造出更多的价值。

一、成立心理急救团队，规范个案咨询和转介机制

整合全国各地高校、医疗和心理辅导机构的社会专业力量，招募心理咨询师参加线上异地志愿者活动，填写“心理志愿者报名表”和

“志愿者承诺书”，按照心理志愿者取得的资质、受训经历、咨询和被督导的时长，择优选拔和安排到面对受助群体的一线工作中。在工作开始前，根据受助群体的不同需求特点，与跨专业服务小队一起，共同接受系统的岗前培训。明确心理志愿者的工作内容，包括观察、了解本群受助群体的心理需求，宣传心理健康与疏导知识，负责受助群体的微信在线心理干预与疏导服务，开展在线个案咨询，与本群的其他志愿者和线下医护、工作人员协同工作。同时，根据心理志愿者服务对象的不同，如酒店隔离服务群、轻症患者方舱服务群、居家隔离服务群等，将服务对象同质化高的心理咨询师志愿者合并组建线上心理咨询师志愿者工作小组，设组长一人，在线牵头和主持小组内的相关工作。

从保护心理咨询师志愿者和受助者双方的角度，团队对心理咨询师在线上异地开展个案咨询做了相关设置，提倡建立在线心理咨询师志愿者＋群助理＋案主的三人临时微信小群，交流方式优先顺序为：文字输入、语音输入、语音通话、视频通话。咨询结束后临时小群解散，心理咨询师志愿者填写咨询记录，并将电子版发送邮箱归档。如心理咨询师志愿者判断需进一步哀伤辅导或心理援助，在征得案主同意后，进行线上转介，并明确咨询中保密原则和突破保密原则的内容。团队还制定了《抗击新冠疫情期间“社工伴行—心理急救”团队工作方案》、《心理咨询记录》模板、《在线个案心理咨询之推荐提问方式》和《心理助理工作要点》等文件，规范心理志愿者的在线服务工作。

二、 成立心理技术支持团队和心理督导团队，建立分级援救和督导机制

随着疫情的发展和受助群体心理应激的变化，我们成立了心理技术支持团队，针对受助者群体中的一般心理问题、哀伤心理问题、严

重心理精神问题等建立了分级援救机制。心理技术支持团队由两类专家团组成。第一类是在线哀伤辅导专家团。根据本次急性传染病暴发造成的众多丧亲者在事前没有心理预期、事后没有告别仪式等哀伤特点，专家团为心理志愿者在线开展哀伤辅导系列课程培训，并承担哀伤个案转介后的专业心理咨询。第二类是在线心理援助专家团。他们承担已完成心理急救或心理包扎后，人格类、神经症类、精神类等个案转介后的专业心理咨询。同时，在接到哀伤辅导和心理援助的个案转介后，心理技术支持团队对咨询的方式和时间等进行了设置。

从有利于心理志愿者在线服务的深入展开，以及心理志愿者的自我成长角度出发，成立了心理督导专家团队。心理督导专家进入各个心理咨询师工作组，采用在线答疑和每周一两次定期的集体督导方式，解答心理志愿者在线工作中遇到的困惑和困难，给出针对性和建设性的意见和建议，了解心理志愿者内心的想法和感受，支持和帮助心理志愿者在与一线受助者的服务工作中，不断地自我觉察和自我成长等。团队制定了《在线团体互助研讨与督导工作》，明确了研讨与督导的时间、参加人员、在线会议使用平台，以及督导内容与形式等。同时，鼓励心理志愿者交流工作、开展个案研讨，彼此积极回应、达成共识、统一行动。

三、 心理急救工作中的个案咨询与转介流程和举例

个案咨询与转介仍以F女士的案例来说明。在线个案咨询中，心理志愿者及时帮助F女士平复情绪，建立了良好的信任关系后，适时告诉她，在亲人离世的哀伤辅导方面，我们有更资深的专家团队会给予她辅导和帮助。在征得F女士同意后，心理志愿者在联络其他志愿

者安排转介的过程中，仍做好在线陪伴，让她感受到“如果你需要，我们随时在线上”。之后，F 女士被顺利转介到哀伤辅导专家团接受有针对性的干预辅导。次日下午，哀伤辅导专家向心理志愿者反馈 F 女士肢体略有残疾，担心她在酒店隔离一人独住会有所不便，心理志愿者及时与跨专业小队的社工志愿者沟通，共同与线下联系协调，最后帮助 F 女士在接受哀伤辅导的同时入住医院，得到更好的治疗。个案咨询与转介流程如图 7－2 所示。

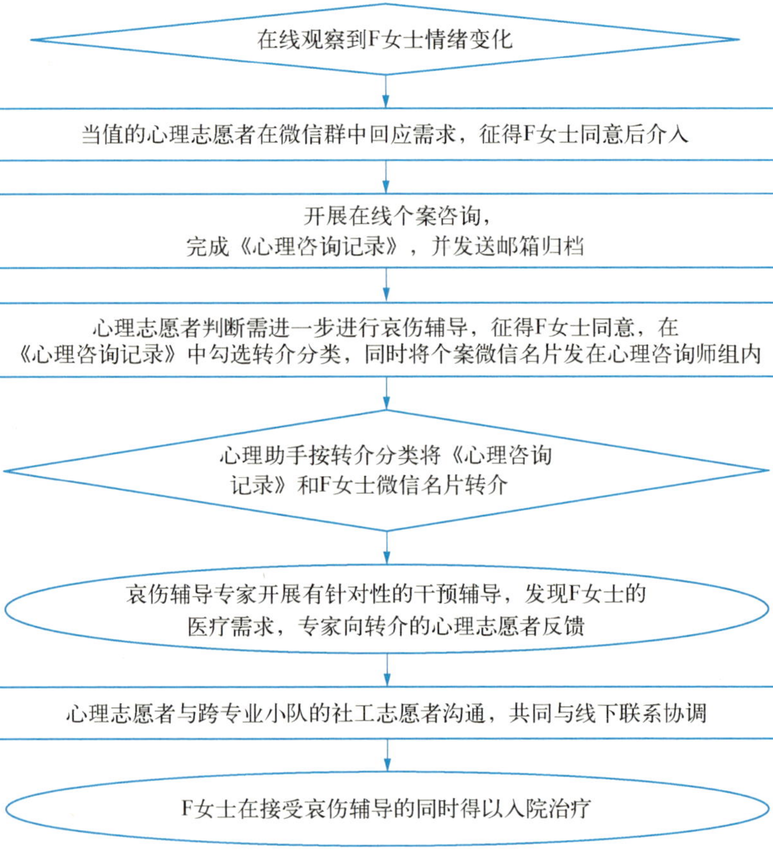

图 7－2　个案咨询与转介流程

综上所述，面对新冠疫情的大面积暴发，心理急救工作发生了一系列改变，从现场到异地，从线下到线上，心理志愿者在为疫情中武汉受助者群体服务的实践中不断努力：通过明确角色定位，找准心理急救工作的实践路径；通过开展自我觉察，找准心理急救工作的内在路径；通过加强团队建设，找准心理急救工作的组织路径。协同跨专业团队，衔接线上线下，彼此鼓励，相互温暖，不断探索，并在探索中进步。志愿者们也许没有能力驱赶所有不幸，但有能力带进去一束光，并让它持续照亮，正是积极开展急救工作的志愿者们，见证了大多数人在灾难和危机中的坚持与努力。

第八章 “4+1”线上异地救援模式中群助理志愿者的定位和工作内涵

胡 悦

第一节 如何共享不同群组的信息

在工作中群助理发现，服务对象的需求是有阶段性和共性的。前期我们在社区中服务时，被隔离人群主要存在找医院床位与生活方面的需求，比如购买食品药品、出行等。在此阶段，群助理不仅记录群中事务，同时也将工作重心倾向于收集各大医院床位资源、服务片区的联系方式，整理出就医流程，将购买食品、药品的渠道总结到石墨文档，不断更新，循环发放到各个群组中，让志愿者都能掌握这些信息，传递给居民。

在方舱项目中群助理发现，舱友大部分需求也是相似的。比如，刚刚进入方舱担心会与其他患者交叉感染，急于了解何时安排核酸检测，还有生活上的共性需求，如需要指甲剪、洗发水等。群助理将这些典型问题与志愿者们专业的答复一同收集起来，作为回答样板放在在线文档中供大家参考。这样可以节约其他志愿者的精力并给予服务对象统一的回复，避免歧义的产生。

第二节 群助理如何处理患者隐私问题

我们团队在服务患者之前会签署一份“志愿书”，确保不把患者的隐私泄露出去，群助理是接触患者隐私的第一人，因此群助理的保密意识尤为重要。

首先，关于患者的群名称，我们不会强制要求大家实名制，但需要舱友将床号标注在群名称上，以方便我们后续跟进信息。有些年纪大的患者不太会使用微信改名称，群助理做了一个小视频来帮助大家。

其次，我们在汇报案例需要截屏、写文字材料时，群助理会第一时间将患者的头像打马赛克，在姓名处以及涉及隐私的部分做遮挡。

【案例】“一袋盐”的故事

在某方舱群中，一名女士深夜在群中留言想要一瓶女性私处清洗液，但是武汉形势严峻，大部分商店都已经关门，加之方舱处在郊区，想要在线购买此类商品是有难度的，我们只能委婉地告诉她这种情况。第二天，该女士继续留言想要一袋盐，此时我们猜测该舱友一定是非常不舒服才提出这样的请求，这时群助理将此需求汇报时特意写了一个小说明，因为不了解事情前因的线下工作者很有可能拒绝该患者的需求，误以为是吃饭口味比较重需要一些调味剂。说明涉及患者的隐私与病情，群助理将患者的姓名和关键信息都做了处理，只留下床号和联络号码。最后在线上和线下团队的一起努力下，我们最终将盐送到了患者手中。

第三节　群助理的管理

群助理大部分是高校社会工作、社会学、心理学等相关专业的学生和社会上的爱心人士。小助手们刚刚开始工作时都会有些疑惑，觉得自己的专业知识得不到体现，仅仅是在做文书方面的工作，自己的价值没有充分发挥。其实社工、医生、心理咨询师的专业性很强，群助理可以帮助团队规避看问题单一的视角，对工作有更全面的把握，工作过程中在与其他组员沟通好的情况下，也可以为服务对象答疑解惑。

组建团队时我们也会注重搭配。比如同一所学校、同一个师门的小助理我们尽量安排他们在同一组，以便更好地交流。第一次进入洪山方舱的群助理就是从社区项目借调过去的优秀、有经验的小助理。我们还安排已在方舱工作过的群助理对还未工作的群助理做经验分享。

我们要积极回应群助理的反馈。例如，递交材料时给予肯定，将每天的工作总结形成简报发放给各位群助理，让大家看到自己的劳动果实。

参考文献

［1］世界卫生组织，战争创伤基金会，世界宣明会. 现场工作者心理急救指南［M］. 世界卫生组织，2011.

［2］王思斌. 社会工作导论［M］. 2版. 北京：北京大学出版社，2011.

［3］亚伯拉罕·马斯洛. 动机与人格［M］. 许金声，等译. 北京：中国人民大学出版社，2013.

［4］焦金波，王超，李绍伟. 专业社会工作者伦理价值选择之优先序列［J］. 中国矿业大学学报（社会科学版），2005，7（2）：43－47.

［5］仝利民. 个案管理：基于社区照顾的专业社会工作方法［J］. 华东理工大学学报（社会科学版），2005，20（2）：29－33.

［6］徐永祥. 建构式社会工作与灾后社会重建：核心理念与服务模式：基于上海社工服务团赴川援助的实践经验分析［J］. 华东理工大学学报（社会科学版），2009，24（1）：1－3.

［7］Loewenberg F M，Dolgoff R. Ethical decisions for social work practice［M］. 4th ed. Itasca，Ill.：F. E. Peacock Pub.，1992.

［8］Tiong T N. Crisis theory and SARS：Singapore's management of the epidemic［J］. Asia Pacific Journal of Social Work and Development，2004，14（1）：7－17.

［9］王雪，程孝文. 医务人员责任感现状、原因分析及对策：以马斯洛"需要层析论"为视角［J］. 锦州医科大学学报，2019（5）：40－43.

后　记

本书是在中国社会工作教育协会于2020年4月推出的“抗疫‘4+1’线上异地救援模式社会工作实务”系列课程文字稿基础上撰写完成的，各章节的作者均是“社工伴行”志愿服务团队的核心骨干。

本书的第一章由我撰写，介绍了“‘4+1’线上异地救援模式”（以下简称“4+1”救援模式）的发展过程、概念、特性、模型框架及跨场景的运用；第二章由负责团队人事安排的姜丽蕊编写，介绍了“4+1”救援模式服务团队的组织搭建过程、线上云服务的开展、团队支持机制的运行等；第三章由武昌方舱的团队协调人郭丽萍编写，以武昌方舱为个案，介绍了“4+1”救援模式下，线上志愿团队的筹备、分工、服务展开，以及服务期间专业边界的厘清和伦理困境的反思；第四章由客厅方舱的团队协调人沈尹婧编写，以客厅方舱为例，介绍了“4+1”救援模式如何在地面援应方缺位的情况下，让云服务落地，并发展地下援应方，制定入院、住院、出院等流程指引，以及介绍志愿服务开展的情况等；第五章由团队中的优秀一线社工代表牛洋编写，介绍了“4+1”救援模式中社工的角色和定位，以及在社区、隔离点以及方舱不同场景中社工角色定位的异同；第六章由团队医务志愿者协调人邹利编写，介绍了“4+1”救援模式中，医务志愿者团队的搭建过程、角色定位、医疗信息分析和医务志愿者积极性的调动等；第七章由团队心理志愿者协调人顾敏编写，介绍了“4+1”救援模式中心理急救工作的特点，心理志愿者的角色定位和自我觉察，以及心理志愿者工作规范和团队的建设；第八章由团队的群助理志愿者协调人胡悦编写，介绍了群助理志愿者的工作内容与流程、群内信息记录工具的使用、工作简报的形成和群间信息共享等。

最后，再次感谢中国社会工作教育协会、香港凯瑟克基金会和华东理工大学出版社的支持！因为有你们的支持，“社工伴行”志愿服务团队在疫情期间的工作经验和团队智慧才能得以整理发表，与世人分享。也要感谢和我一起“出生入死”的所有的“社工伴行”志愿团队小伙伴，我们“聚是一团火，散是满天星”，我们相聚的时光虽然短暂，却用炙热的温度温暖了很多人。更要感谢市井气里带着侠气的人民，那么多平凡的人做出了不平凡的事，让我看到了人性之光！

郁之虹

2023年3月14日